«Sur le pupitre vert placé devant lui sa main
tient encore la lettre perfide :
"Citoyen, il suffit que je sois bien malheureuse
pour avoir droit à votre bienveillance."
L'eau de la baignoire est rougie de sang,
le papier est sanglant ;
à terre gît un grand couteau de cuisine
trempé de sang.»

«Si j'ai conseillé d'abattre cinq cents têtes criminelles,
c'était pour en épargner cinq cent mille innocentes.»

«Sur un misérable
support de planches
qui composait
le mobilier de travail
de l'infatigable journaliste,
on lit :
«A Marat, David.»
Tous ces détails sont historiques et réels,
comme un roman de Balzac; le drame est là,
vivant dans toute sa lamentable horreur,
et par un tour de force étrange
qui fait de cette peinture le chef-d'œuvre de David
et une des grandes curiosités de l'art moderne,
elle n'a rien de trivial ni d'ignoble.
Ce qu'il y a de plus étonnant
dans ce poème inaccoutumé,
c'est qu'il est peint avec une rapidité extrême,
et quand on songe à la beauté du dessin,
il y a là de quoi confondre l'esprit

À MARAT,

DAVID.

L'AN DEUX.

«Ceci est le pain des forts et le triomphe
du spiritualisme; cruel comme la nature,
ce tableau a tout le parfum de l'idéal.
Quelle était donc cette laideur que la sainte
Mort a si vite effacée du bout de son aile?
Marat peut désormais défier l'Apollon,
la Mort vient de le baiser
de ses lèvres amoureuses,
et il repose dans le calme de sa métamorphose.
Il y a dans cette œuvre quelque chose de tendre
et de poignant à la fois;
dans l'air froid de cette chambre,
sur ces murs froids, autour de cette froide
et funèbre baignoire, une âme voltige.
Nous permettrez-vous, politiques de tous les partis,
et vous-mêmes, farouches libéraux de 1845,
de nous attendrir devant le chef-d'œuvre de David?
Cette peinture était un don à la patrie éplorée,
et nos larmes ne sont pas dangereuses.»

Baudelaire

*«Je me dévoue
à la patrie, et je suis
prêt à verser pour elle
tout mon sang.»*

R égis Michel est conservateur au Louvre (Cabinet des Dessins). Ancien pensionnaire à la Villa Médicis, où il fut l'un des organisateurs de l'exposition *David et Rome* (1981-1982), il a récemment dirigé avec Philippe Bordes un ouvrage collectif sur les arts de la Révolution (*Aux Armes et aux Arts*, 1988) et l'exposition *1788* (Vizille, Rennes, 1988-1989). Il prépare divers projets sur le nouveau classicisme et le romantisme.

Le dossier Témoignages et Documents a été rassemblé par Marie-Catherine Sahut, conservateur au Département des Peintures du Musée du Louvre. Spécialisée dans la peinture française du XVIIIᵉ siècle, elle a assuré le commissariat de diverses expositions : *Carle Vanloo*, 1977 ; *le Louvre d'Hubert Robert*, 1979 ; *Diderot et l'art de Boucher à David*, 1984-1985. Elle participe actuellement à l'organisation de l'exposition *Jacques-Louis David*, visible au Musée du Louvre et au Château de Versailles à partir d'octobre 1989.

1ᵉʳ Dépôt légal : octobre 1988
Dépôt légal : janvier 1989
Numéro d'édition : 45609
ISBN 2-07-053068-X
Imprimé en France
Imp. Kapp-Lahure-Jombart à Évreux

DAVID
L'ART ET LE POLITIQUE

Régis Michel

DÉCOUVERTES GALLIMARD
RÉUNION DES MUSÉES NATIONAUX
PEINTURE

Le commerce et les arts : Jacques-Louis David est né, de son propre aveu, sous cette double égide, volontiers contradictoire. Il serait facile d'y voir l'origine de la dualité, souvent aiguë, qui caractérise l'homme et son œuvre : le réalisme et l'idéal. L'artiste est le pur produit d'une bourgeoisie prospère, plutôt éclairée, qui rêve d'en faire un notable : médecin, architecte, avocat.

CHAPITRE PREMIER
LA «BOUTIQUE D'UN PERRUQUIER»

Le Louvre est à la fin du XVIIIᵉ siècle le centre officiel de la vie artistique. Il abrite entre autres le Salon, l'Académie, les ateliers d'artistes notables. Le jeune David y loge, hébergé par Sedaine, son protecteur, pendant ses études académiques. Il y travaille, dans l'atelier de Vien. Cette gravure anonyme de l'époque restitue l'atmosphère du palais, lieu vivant de Paris, avec ses vendeurs d'estampes et son public de passage.

Le neveu de Boucher

La naissance de David à Paris, quai de la Mégisserie, en 1748, est bourgeoise : «de parents honnêtes et aisés». Sur cette aisance, on est mal renseigné, faute de chiffres. «Du côté paternel, ils faisaient le commerce...», poursuit le peintre, dans une brève autobiographie, lacunaire et fautive, qu'il a rédigée dans sa maturité. Son père, Maurice, est un marchand «mercier», c'est-à-dire «à tout faire», qui s'est voué à la quincaillerie : le commerce des fers en gros. Mais cet état ne paraît pas le satisfaire : sans doute recherche-t-il une ascension sociale du côté de la bourgeoisie d'offices, car il achète une charge de commis aux aides (receveur fiscal) à Beaumont-en-Auge, dans le Calvados. C'est là que se produit le drame : il meurt en duel, dans des conditions mystérieuses, le 2 décembre 1757.

David a neuf ans.

La mort du père ne cessera de hanter son œuvre, sous des formes diverses. La peinture de David est, derrière l'apparente convention des sujets classiques, la proie d'un sourd *travail du deuil*, vrai vertige funèbre.

«... Et du côté maternel, ils exerçaient les arts» : c'est le versant éclairé de cette bourgeoisie, sa caution culturelle. Marie-Geneviève Buron, mère de l'artiste, est la fille d'un maître-maçon, soit un entrepreneur en bâtiment. Surtout, les oncles de David, qui lui servent de tuteurs, sont architectes : François Buron,

protecteur de Sedaine, et Jacques Desmaisons, d'une dynastie notoire, où le praticien s'érige en notable. Pour le dessin, l'élève néglige sans remords ses humanités classiques au collège des Quatre-Nations (l'actuel Institut). Poncif inéluctable des enfances d'artiste – David, autodidacte, le regrettera plus tard –, qui va de pair avec une vocation contrariée par le

L e portrait de Mme Buron, sa tante maternelle est le premier connu qu'ait peint David (1769). Le motif de la lecture résume les goûts culturels d'une bourgeoisie aisée.

«Le *divin* Marat,
un bras pendant hors de la baignoire
et retenant mollement sa dernière plume,
la poitrine percée de la blessure *sacrilège*,
vient de rendre le dernier soupir.»

Du 13. juillet, 1793.

Marie anne Charlotte
Corday au citoyen

Marat.

il Suffit que je Sois
bien Malheureuse
pour avoir Droit
a votre bien veillance

milieu familial. Le *deus ex machina* de ce destin rebelle sera Boucher, lointain parent de Mme David, consulté comme un oracle (vieillissant), qui introduit l'adolescent dans l'atelier de Vien.

Sésame décisif : à dix-sept ans, David entre... enfin dans la carrière des arts.

Vien sera pour lui un père substitutif : cette longue relation filiale, traversée d'orages, commence vers 1765. Il est, à cette date, le rénovateur de l'Ecole française, en rupture avec Boucher, l'afféterie,

Commande d'un grand aristocrate, le duc de Brissac, pour Mme du Barry, la *Marchande d'Amours* introduit dans la peinture française le «goût grec», qui s'inspire en fait des fresques de Pompéi. L'œuvre de Vien est, au Salon de 1763, saluée par la critique, Diderot en tête, comme le manifeste du retour à l'antique.

Jacques Desmaisons, l'oncle de David, appartient à une lignée d'architectes, illustrée surtout par son parent Pierre, qui dirige entre autres la rénovation de l'Archevêché et du Palais de Justice de Paris. C'est un notable des arts : David l'a peint comme tel, avec un réalisme sans indulgence, le vêtement cossu, la mine revêche, et ses instruments déployés, signe de sa réussite.

Danseuse émérite, qui rénove l'art chorégraphique, célèbre pour la grâce de son maintien... et le nombre de ses amants, d'ordinaire huppés, la Guimard (1743-1816) fut, aux abords de la trentaine, le modèle d'un de ces *portraits de fantaisie*, costume espagnol et faire brillant, où Fragonard est passé maître. L'artiste participe alors à la décoration de l'élégant hôtel, au classicisme sévère, construit pour la danseuse dans le quartier en vogue de la Chaussée d'Antin par Ledoux lui-même. Fragonard ayant abandonné la tâche pour une question d'argent, ce fut David qui reprit la commande, en 1773, jusqu'à son départ pour Rome.

la grimace, la licence de l'art rocaille. Vien triomphe au Salon de 1763 avec la *Marchande d'Amours*, badinage archéologique d'un érotisme délicat, qui est le manifeste du «style pompéien». Mais David reste fidèle à la vulgate rococo.

Du moins, coudoie-t-il, dans l'atelier de Vien, quelques-uns des espoirs de la peinture : Ménageot, Vincent, Regnault, et d'autres. Mais il fréquente encore des cercles plus littéraires, et non moins essentiels.

Celui de Sedaine, associé de l'oncle Buron, puis secrétaire de l'Académie d'architecture, mais surtout prolifique auteur de théâtre musical : à travers Sedaine, ami des Philosophes, qui l'héberge au

Louvre, où il réside depuis 1769, David découvre les idéaux des Lumières.

Celui de la Guimard, danseuse à l'Opéra, courtisane à la mode, dont le jeune homme décore, vers 1773, l'hôtel bâti par Ledoux à la Chaussée d'Antin, avec une pléiade d'artistes précurseurs : il y découvre l'esthétique de l'utopie.

La grande désillusion : le Prix de Rome

David : «l'Académie est comme la boutique d'un perruquier, on ne peut en sortir sans avoir du blanc à son habit». Aphorisme vengeur : l'artiste milite, sous la Révolution, pour la suppression des Académies. Avec succès.

D'où vient cette rancune tenace ? L'Académie détient, sous l'Ancien Régime, le monopole de la

Ce dessin de Cochin, graveur et critique d'art influent, est une rare illustration du travail académique au temps du jeune David. L'exercice principal est la copie du modèle vivant, un vétéran professionnel – le nu féminin est proscrit – dans une pose stéréotypée, dont David récusera l'artifice.

pédagogie artistique. Nul ne peut s'exempter de sa formation, sous peine d'être condamné à rester en marge. Son enseignement suit un long *cursus*, ponctué de concours, qui culmine avec le Prix de Rome. L'élève alterne l'atelier qu'il fréquente, comme David celui de Vien, avec les classes communes, théoriques : histoire, anatomie, perspective, et pratiques : la bosse, d'après l'antique ; le nu, d'après le modèle vivant.

David entre à l'Académie en 1766 : il a dix-huit ans. Il est admis, cinq ans plus tard, au concours de Rome. Concours clef : le Prix, qui ouvre les portes du palais Mancini, est le brevet d'une carrière officielle. Il s'obtient au terme d'une série d'épreuves sélectives qui retiennent six candidats anonymes pour peindre en loge, dix semaines durant, un tableau original sur un sujet imposé.

En 1771, le sujet vient de *l'Iliade* – Homère est en vogue : un *Combat de Mars et Minerve*, une de ces

De Boucher à David, la relation est éloquente : c'est celle du maître à l'épigone. Le tableau de Boucher (ci-dessous), *Vénus et Vulcain*, peint en 1757, est l'une de ses œuvres les plus célèbres. Le *Mars et Minerve* de David (en bas à droite), peint en 1771 – l'artiste dut en reprendre les figures, trop petites – s'inscrit dans la même rhétorique du goût rocaille, avec ses gestes de théâtre et ses accessoires ostensibles, qui visent au pittoresque.

rixes mythologiques aux motifs obscurs où les dieux s'agressent comme des chiffonniers. Draperies agitées, faciès grimaçants, couleurs crues : c'est un pastiche de Boucher, revu par Doyen. Le Prix revint à Suvée, dont l'œuvre est plus noble. Vien lui-même aurait empêché qu'on le donne à David, jugé trop immature. Premier échec.

Le deuxième est injuste. En 1772, sur le thème des *Niobides* (Apollon et Diane tuant les enfants de Niobé pour venger leur mère qu'elle a insultée), David peint une œuvre ambitieuse, expressive jusqu'à la théâtralité, qui délaisse Boucher pour le grand goût du XVIIᵉ siècle. Le Prix lui est dû. Las ! On l'en frustre. Par intrigue. Des documents récemment exhumés confirment les allégations du peintre ou de ses

Le tableau des *Niobides* (ci-contre), peint en 1772, marque le retour provisoire du jeune David à la manière noble du XVIIᵉ siècle.

biographes : une *cabale* inavouable, aux enjeux subalternes – des stratégies professorales –, lui préfère deux autres élèves, mieux en cour. Le scandale jette un jour cru sur les pratiques académiques : elles sont truquées. Violente est la réaction de David : un désespoir suicidaire le tient reclus dans sa chambre, où il se laisse mourir de faim. Il faudra toute l'éloquence de ses proches pour le distraire de ce dessein funeste.

1773. Troisième échec. Régulier. Un concurrent, Peyron, domine le concours d'un ouvrage précurseur, qui se réfère à l'antique et à Poussin. L'Académie le plébiscite. David, malgré ses progrès, paraît archaïque. Sa *Mort de Sénèque* s'inspire de Fragonard pour camper avec aisance un opéra baroque, élégant et pompeux.

La leçon porte. En 1774, pour son quatrième essai, le peintre s'astreint au classicisme : frise, colonnade, décorum. Mais les personnages de *la Maladie d'Antiochus* se rebiffent à l'évidence contre ce carcan d'emprunt ; ils posent et gesticulent, comme au temps de Boucher.

David obtient le Prix. A la persévérance. Rome lui appartient. Mais nul doute qu'il n'éprouve, de ces exercices arbitraires, un vrai dégoût : l'Académie est une institution malhonnête et poussiéreuse. Elle ne vise qu'à l'équilibre, c'est à dire l'étouffement des talents.

A force d'«esprit de corps» et de «basse jalousie» : ici prend racine la guerre de David contre la corporation.

Ce ressentiment précoce est moteur dans son évolution idéologique : la critique de l'Académie se fait critique sociale.

Sénèque s'ouvre les veines sur l'ordre de Néron. Au grand opéra fragonardien de David (en haut à gauche) s'oppose la frise classique de Peyron, dans le goût de Poussin (en bas à droite). Peyron devient le modèle, le rival, l'initiateur de David, qui discipline sa manière, dans la *Maladie d'Antiochus* (en bas, à gauche), ce prince amoureux de sa belle-mère, dont un médecin perce la vraie langueur.

Rome ou «l'opération de la cataracte» : le temps des ruptures

En octobre 1775, David gagne Rome avec son maître Vien, qui est nommé directeur de l'Académie de France. Le voyage, mémorable, est, pour le jeune peintre, imbu de Boucher, une vraie révélation : celle de l'art italien. Sous l'œil ironique de Vien, qui lui suggère d'attendre Rome, David franchit à chaque étape un degré de plus dans le mécanisme initiatique de ce chemin de Damas. «A peine fus-je à Parme que voyant les ouvrages de Corrège, je me trouvai déjà ébranlé ; à Bologne, je commençai à faire de tristes réflexions, à Florence, je fus convaincu, mais à Rome, je fus honteux de mon ignorance...» On se gardera de prendre ce récit, qui est bien ultérieur, à la lettre : David résume

– ou reconstruit – une découverte progressive qui fut, on le verra, laborieuse. Reste l'essentiel : l'Italie est un *choc*.

Qu'est-ce que Rome, vers 1775, pour un jeune artiste, qui n'a encore connu que les ateliers parisiens ? Avant tout, cette réalité brute : l'Antiquité. Rome est le conservatoire des statues antiques — le Vatican, le Capitole, palais et villas, regorgent de marbres qui, du *Laocoon* à *l'Apollon du Belvédère*, et du *Pasquino* à *l'Hercule Farnèse*, sont célèbres depuis la Renaissance.

Cette Grèce tardive du XVIIIᵉ siècle, qui n'est qu'un mythe, détermine les théories des «antiquaires», ou connaisseurs de l'Antiquité, Winckelmann en tête. L'archéologue allemand a publié à Dresde, en 1755, un an avant son installation à Rome, où il fut surintendant des antiquités vaticanes, le bréviaire du nouveau classicisme : les *Réflexions sur l'imitation des ouvrages grecs*. Il y définit le «beau idéal», inspiré de Platon, comme le but de l'art : c'est la synthèse imaginaire dans une même figure des parties les plus belles que la nature produise. Le seul moyen d'y parvenir est d'imiter les Anciens dans leurs dogmes esthétiques – beauté du modèle, noblesse de l'expression, pureté du contour, transparence de la draperie. Cette esthétique idéaliste rompt avec l'art rocaille. Son succès en Europe est foudroyant. A Rome même, des artistes aussi différents que l'Allemand Mengs, l'Ecossais Hamilton, le Suisse Füssli s'efforcent de l'incarner. Sans y parvenir. Et de loin.

A Rome, David étudie l'antique : les moulages de la colonne Trajane. «Je passai six

Le *Laocoon*, l'*Apollon du Belvédère* sont les références absolues du retour à l'antique : Winckelmann (1717-1768) en a fait le canon même de sa théorie.

WINKELMANN.

mois à les copier». Puis,
les ouvrages qui le frappent,
au hasard de ses «courses
dans les musées, dans les
galeries.» Ces études assidues
passent par un médium obligé :
le dessin. Les albums conservés
attestent l'activité inlassable du
dessinateur : statues, reliefs, motifs,
détails, tout se prête à satisfaire son
crayon avide et son esprit curieux.
Mais ce labeur obstiné ne trouve
pas sa traduction immédiate. Le lavis
monumental des *Combats de
Diomède* (1776), peuplé de guerriers
belliqueux d'une rare véhémence, et
plus encore les *Funérailles de Patrocle*,
immense esquisse, dont on admire, dans
les salles du palais Mancini, où David

L es *Funérailles de
Patrocle* (1778) ou
le souvenir de Lebrun,
l'héritage du rococo,
le décor
de l'Antiquité.

l'expose en septembre 1778, le génie profus et dramatique, reflètent l'ambition de l'épopée, dans le goût de Lebrun. Mais on y voit encore, de l'aveu même du peintre, «certaines traces françaises».

Le temps des crises

Depuis 1725, l'Académie de France à Rome est sise au palais Mancini, sur le Corso, vers la place de Venise (elle sera transférée à la villa Médicis en 1803).

Avec les *Combats de Diomède*, David exprimait dès 1776 son ambition juvénile : s'égaler aux grands modèles du XVIIe siècle (Lebrun) ou de son temps (Doyen).

L'institution, fondée par Colbert, a pour but de prodiguer aux artistes qui ont obtenu la *pension du roi* grâce au Prix de Rome, une sorte de formation supérieure dans la métropole de l'art. Cette formation d'une élite passe par une discipline rigoureuse.

D'existence. Le mode de vie est quasi-monastique : les pensionnaires vivent en communauté, selon des règles strictes, sous l'autorité absolue du directeur.

De travaux. Les exercices académiques, dûment gradués (figure peinte, esquisse originale, copie, tableau d'histoire), rythment, obligatoires, les quatre ans, parfois prolongés, de la pension.

Mais cette discipline s'est relâchée au cours du siècle. Vien, nommé directeur, a pour mission de reprendre en mains l'Académie de Rome. Il s'y emploie avec une vigueur qui est vite contestée, d'où la révolte des pensionnaires, à la fin de l'hiver 1779. Un sculpteur, Antoine Dupasquier, grand talent et forte tête, en est le meneur. Aux observations de Vien sur sa tenue, il réplique un jour d'«un ton d'insolence extraordinaire» qui remet en cause jusqu'à l'autorité du directeur, et «sape l'édifice par ses fondements». La sanction est immédiate : il est exclu, malgré la pétition des autres pensionnaires, que signe David. La mesure est grave. Elle signifie la fin de sa carrière, puisqu'il est interdit de commandes royales. L'affaire Dupasquier révèle les contradictions profondes du système des arts, en voie d'obsolescence : l'autoritarisme de la monarchie se heurte à l'esprit d'indépendance, qui est nouveau, de l'artiste. Elle laisse en tout cas des traces profondes. On se doute qu'elle n'atténue pas l'hostilité de David à la *machine* académique.

A la crise de l'institution succède, à l'été 1779, la

crise psychologique de David. Elle se manifeste par divers symptômes, que Vien, maître attentif, résume avec inquiétude, sous le vocable générique de *mélancolie* : une espèce de «trouble», un «état d'anéantissement», «un dégoût vague». On en ignore la cause, parfois attribuée à la passion amoureuse, que lui aurait inspirée la femme de chambre de Mme Vien. Le seul remède à cette langueur subite est le voyage. David se rend à Naples, pour un mois, avec un autre pensionnaire. Les voyageurs font «différentes courses» dans les environs de la ville. Sans doute explorent-ils Herculanum et Pompéi, où les fouilles sont intenses, voire Paestum, dont le site est notoire. Est-ce la

L a gravure de Piranèse, grand imagier de la Rome du XVIIIe siècle, rend avec vigueur l'animation du Corso, l'artère principale du centre historique, que borde au premier plan la façade baroque du Palais Mancini, siège de l'Académie de France depuis 1725. C'est là que réside David pendant son séjour à Rome, où il dessine assidûment d'après l'antique, labeur dont témoignent les motifs de la page.

L'exercice de l'Académie, figure d'homme nu à prétexte mythologique, est l'exercice privilégié des pensionnaires du Palais Mancini. Le *Patrocle* de David reprend, mais de dos, le *Gladiateur mourant* du Capitole, antique célèbre pour le pathétique de son expression.

fréquentation de ces hauts lieux antiques? A son retour, David est, à ses propres dires, transformé : comme «opéré de la cataracte». La métaphore est éloquente, même si elle tient de l'illusion rétrospective : ce dessillement soudain suggère sa conversion à l'antique. A preuve, la figure académique, dite *Patrocle*, qu'il peint, semble-t-il, à l'automne 1779. C'est une variation brillante sur un marbre antique fort illustre, le *Gladiateur mourant*. A cette étude orthodoxe de l'anatomie, David ajoute

les signes d'un préromantisme imprévu, le vent qui agite la chevelure et le rocher qui obture l'espace : ils tendent au pathétique, puisque le héros est sans expression, faute de visage. Si l'on se réfère aux figures précédentes de l'artiste, l'*Hector*, dans le goût de Doyen, le *Saint Jérôme*, dans le goût de Subleyras, on mesure le chemin accompli dans l'intelligence de l'Antiquité : pose harmonieuse, contour net et formes pures.

L'*Hector* que David expose – sans doute en 1778 – au Palais Mancini avec les *Funérailles de Patrocle*, reprend dans un style encore tributaire du Caravage le motif dramatique du cadavre traîné par le char d'Achille.

Le temps des réussites

Marseille. La chapelle du Lazaret manque d'un tableau d'autel, qui doit être évidemment consacré à saint Roch, le patron des pestiférés. Les intendants du bureau de santé, qui gèrent l'hôpital, sont ladres : il leur faut un ouvrage à bon compte. Un négociant lettré, académicien local, et qui connaît bien Rome, Pierre-Augustin Guys, leur offre de s'adresser au directeur de l'Académie pour en charger un pensionnaire, dont le tarif sera *modique.* Vien désigne David, pour un

Le *Saint Jérôme* (ci-dessous), académie religieuse, peinte en 1779, dans le goût des Bolonais revu par Subleyras, prélude au *Saint Roch* (à gauche), qui conclut le séjour de David à Rome, au printemps 1780, sur un coup de tonnerre : un peintre se révèle. L'artiste a repris à la plume, sur le chemin du retour, la tête expressive du pestiféré.

prix de 900 livres (une commande royale en vaut 6 000). L'artiste y voit un exutoire idéal à ses états d'âme et s'immerge dans un labeur acharné.

Le tableau, peint en six mois, est exposé dans les salles du Palais Mancini, en avril 1780. Il y fait sensation. C'est un pastiche de Guerchin revu par Poussin. Mais il vaut surtout par le double caractère de ses figurants : le réalisme et l'expression. La véhémence des pestiférés, faciès convulsifs et chairs glauques, saisit d'effroi les contemporains. Au Salon de 1781, son dernier *Salon*, Diderot frissonne d'«horreur» face au moribond du premier plan, «énorme et effrayant», dont s'extasie toute la critique. Le *Saint Roch* fascine par le sens du drame. L'autre point d'orgue insolite du séjour de Rome est le portrait équestre du comte Potocki. Le cavalier salue, d'un geste noble, les spectateurs invisibles, sur un fond muré de manège à colonnes, qui font allusion au goût du modèle pour l'Antiquité. Effigie princière où s'épanouit cette fois la veine «flamande» de l'artiste, émule de Rubens et de Van Dyck. L'ouvrage fut peint, pour l'essentiel, à Rome, au printemps 1780, puis achevé à Paris. Faut-il prêter à ce morceau de bravoure, qui portraiture avec faste un grand seigneur polonais, voyageur et mécène, des intentions critiques ? Le peintre ayant signé sur le collier du chien, les modernes y ont vu un symbole : la bourgeoisie des Lumières aboyant aux basques de l'aristocratie.

Le 17 juillet 1780, David quitte Rome pour Paris, avec des rêves de gloire. Son impatience est si grande qu'il anticipe son retour au nom d'une idée simple: «être de l'Académie». Il emporte dans ses malles, outre le *Potocki*, le dessin d'un tableau déjà tout arrêté : *Bélisaire*. Là est le véritable héritage de Rome, études de l'artiste et lectures de l'autodidacte : l'Antiquité. Celle des Philosophes.

David «peint actuellement un portrait à cheval de grandeur naturelle qui lui a été payé 5 000 livres, en outre de quoi il a des travaux pour plus de six ans», écrit à Rome, en juillet 1780, un artiste envieux. Le *Portrait du comte Potocki* fut achevé à Paris : David l'expose avec succès chez Sedaine, au Louvre, puis au Salon de 1781. Le peintre a désormais conscience de sa valeur : «il s'est enorgueilli».

« **D**ate obolum Belisario» : donnez une obole à Bélisaire. La borne du tableau porte une inscription lapidaire qui résume la déchéance du héros : le «Bélisaire» de David est un réquisitoire contre l'injustice du prince. Il s'inspire d'un roman philosophique à scandale : celui de Marmontel (1767).

CHAPITRE II

L'HOMME DES LUMIÈRES

Date obolum Belisario.
Donnez une obole à Bélisaire.

A son retour de Rome, l'artiste n'a qu'une ambition : se faire connaître, c'est-à-dire exposer au Salon. L'exposition qui se tient tous les deux ans dans le Salon Carré du Louvre – d'où son nom – est, par l'ampleur de son audience, un événement culturel de première grandeur.

Bélisaire ou la critique du prince

Mais le Salon est un monopole de l'Académie ; il faut, pour y exposer, être au moins *agréé* par elle. David choisit de peindre Bélisaire. L'histoire de ce général byzantin que l'empereur Justinien, jaloux de ses victoires, jette en prison pour le faire aveugler, est à la mode. A cause du *Bélisaire* de Marmontel, pamphlet sulfureux, d'ailleurs condamné. Pour sa religion douteuse, qui prêche un Dieu vague et trop

❝ Toujours je le vois et crois toujours le voir pour la première fois », s'écrie Diderot du *Bélisaire* dans le *Salon de 1781*, son dernier Salon. L'écrivain résume par son enthousiasme, qui paraphrase Racine, le succès critique de l'œuvre. Il n'empêche : Diderot récuse l'essentiel, le geste de l'aumône, surenchère dans le drame à des fins politiques.

conciliant. Mais en fait pour sa critique virulente de la monarchie : Marmontel en stigmatise tous les abus, de la faveur du prince au privilège des grands. Le pamphlet alterne avec le pathétique : Bélisaire aveugle, errant dans la campagne, à la recherche des siens, et douloureusement reconnu par ses compagnons d'armes, incarne à lui seul toute l'horreur d'un despotisme peu éclairé.

On sait désormais avec certitude que David a *lu* le roman. Peyron, son rival, le lui prête à Rome, tandis qu'il peint pour le cardinal de Bernis, ambassadeur de France, son propre *Bélisaire,* version patriarcale,

édulcorée, bien-pensante, qui est une trahison de Marmontel. Au contraire, David enchérit sur la noirceur de l'ouvrage. Loin d'en illustrer un épisode précis, il reprend la scène de l'aumône, qui est, de longue date, chère aux artistes. Mais le drame éclipse le pittoresque. Le vieillard infirme est réduit à mendier

L e *Bélisaire* de Peyron, peint à Rome en 1779, montre un héros réconcilié avec la société : c'est une idylle rustique.

sa subsistance dans son casque renversé, symbole de sa chute, avec le secours d'un éphèbe qui lui tient lieu de guide, et sous l'œil effaré d'un ancien soldat.

L'Académie n'entend rien à ces intentions pamphlétaires : elle agrée, unanime, le jeune artiste, la veille du Salon. David exulte : «L'Académie m'a reçu d'une manière peu commune, puisque j'ai été reçu tout blanc, c'est-à-dire sans aucune fève noire.»

L'historiographie récente, notamment anglo-saxonne, insiste sur l'importance du *Bélisaire* dans l'œuvre de David en soulignant ses enjeux politiques. Avec raison. Ce tableau-manifeste, qui invente, avec un style, une peinture *critique* au service des Philosophes, fait décidément de David un homme des Lumières.

Andromaque ou la mort du héros

Avec le *Bélisaire*, David entre dans la carrière académique. C'est, à l'époque, l'ambition de tout peintre d'histoire, qui ne peut survivre sans les commandes royales que l'Académie accapare, ou presque. Le *standing* va de pair avec le statut : David obtient les privilèges de l'artiste officiel, l'atelier au Louvre, le logement de même. Mieux. A cette reconnaissance professionnelle s'allie désormais l'établissement social : il se marie.

Mariage d'intérêt, non de sentiment, convenu par avance, selon les mœurs du temps. David épouse, le 16 mai 1782, Charlotte Pécoul, âgée de dix-sept ans, fille d'un entrepreneur notoire des Bâtiments du roi – «un des plus honnêtes et des plus intelligents», de l'avis même du comte d'Angiviller. Pécoul est prospère. Il possède des immeubles dans Paris, dont il dote sa fille, en sus d'une rente. «Vous voulez vivre pour l'art ? Eh bien ! travaillez pour la gloire, moi je travaillerai pour votre aisance et votre fortune», aurait-il dit crûment à son futur gendre, si l'on en croit un biographe du peintre. Le propos est douteux, mais réaliste. Pécoul financera, par exemple, le deuxième séjour de David à Rome,

G reuze antique (en bas) : Septime-Sévère reproche à Caracalla, son fils, de vouloir l'assassiner. Le tableau précurseur scelle en 1769 la brouille de l'artiste avec l'Académie. Greuze moderne (en haut) : le *Fils puni*, par la mort de son père (1778). Même composition : c'est un Poussin bourgeois.

« L' effet sombre et lugubre ajoute encore au pathétique de la scène», constate un critique du Salon de 1783. A sujet noir, peinture noire. On reproche à David son goût excessif du clair-obscur dramatique. Mais aussi le réalisme d'Hector (l'artiste atténuera ses côtes saillantes). Ou l'âge d'Astyanax, qui est, chez Homère, un nourrisson, comme le suggère l'inscription grecque du candélabre, qu'illustre, plus fidèle, un dessin préparatoire (ci-dessous). Par son décor sévère, inspiré de Poussin, le tableau recrée pourtant une Antiquité qui se veut rigoureuse. «Rien n'est plus près du bel antique», opinent les adeptes de Winckelmann.

celui des *Horaces*. Ce mariage assure à l'artiste une indépendance financière qui est sans doute pour beaucoup dans son intransigeance esthétique. Exempt des contingences, David peut aussi s'exempter des concessions...

Le peintre agréé se consacre aussitôt à être *reçu* par l'Académie : le morceau de réception suivra sans délai le tableau d'agrément. David reprend *l'Iliade*, et son héros favori du séjour à Rome :

A Rome, David copie l'antique, mais aussi l'architecture des palais, comme en témoigne ce beau lavis. Il s'en souviendra dans les *Horaces*, où le motif des arcades rythme le décor de son classicisme austère, qui vise à camper une Rome primitive aux allures frugales.

La place d'Espagne avec la Trinité-des-Monts, quartier favori des artistes, vu par Piranèse : Rome est, à la fin du XVIIIe siècle, le grand atelier de l'Europe.

Hector. Rien de plus significatif. Au moment où il fonde une famille quiète (un fils lui naît en février 1783), l'artiste recrée, sous des allures grecques, une famille tragique – la sienne. La mort d'Hector, vaincu par Achille, évoque la mort du père en duel. Le tableau achève d'exorciser ce choc précoce, et sublime dans l'art le *travail du deuil*. Du *Bélisaire* à l'*Andromaque*, l'accent se déplace du politique au psychologique : le vrai sujet, qu'atteste le titre, c'est la douleur maternelle. Il n'est pas surprenant que la composition se réfère au chantre du pathos familial, fait de théâtre et de sentimentalité : Greuze. L'*Andromaque* est un Greuze antique, revu par les maîtres du classicisme, Racine et Poussin.

Les Horaces ou la vertu militante

«Vers la fin de l'année 1782, on donnait aux Comédiens ordinaires du roi, faubourg Saint-Germain, une représentation de l'*Horace* de Corneille, jouée par Brisard, Larive, Mlles Saint-Val et Raucourt. Il y avait grande affluence pour voir la réunion de tous ces grands acteurs. David voulut assister à cette représentation ; il y courut...» Tel est le récit canonique, publié en 1835, de la genèse des *Horaces*. Il montre que David est hanté de longue date par le thème cornélien. L'artiste a résolu, dès le printemps 1783, de lui consacrer un grand tableau, sa première commande royale, qu'il vient de décrocher.

Pour les *Horaces*, David avait d'abord choisi d'illustrer le plaidoyer cornélien du vieil Horace qui défend son fils meurtrier de Camille. Sujet trop rhétorique : l'action en est «presque nulle; elle est toute en parole», objecta Sedaine, avec raison. L'artiste inventa l'épisode, plus dramatique, du serment.

Pour le peindre, un lieu s'impose : «C'est à Rome que je veux aller faire mes *Horaces*», affirme-t-il à son élève Drouais. Le deuxième séjour de David à Rome, onze mois tout entiers consacrés au tableau (octobre 1784-août 1785), diffère beaucoup du premier, traversé de doutes et de crises : c'est un séjour triomphal.

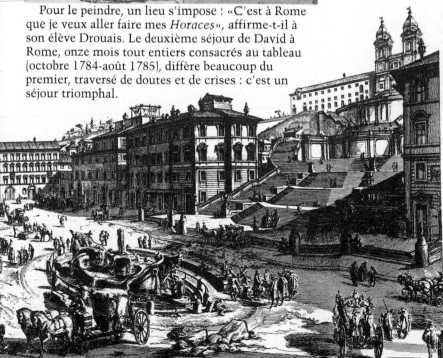

Un génie laborieux

Méthodique est le labeur de David peignant les *Horaces*. Comme Poussin, son modèle, il ajuste ses draperies sur des mannequins, et les fait reporter par Drouais sur le papier, puis sur la toile. Il se consacre alors à l'ébauche de sa composition. Et commence à peindre une figure : l'aîné des Horaces, au premier plan, qu'il exécute jusqu'au bout. L'art de David, génie laborieux, est un art de l'effort : il n'hésite pas à reprendre inlassablement le même motif. Ce goût de la perfection s'accorde à l'esthétique du fini qui caractérise le nouveau classicisme. Des anecdotes montrent l'artiste morigénant Drouais pour avoir fait de Camille (à droite) «une figure de plâtre», qu'il repeint lui-même, ou refaisant vingt fois le pied gauche du vieil Horace (à gauche), jusqu'à satisfaction de son art minutieux.

L'énigme du serment

En janvier 1784 apparaît pour la première fois dans un état des commandes royales le motif du *Serment des Horaces*, qui n'existe pas chez Corneille, ni chez les historiens latins. Le vieil Horace fait prêter à ses fils un serment qu'on suppose être de vaincre ou de mourir, au désespoir des femmes : leur mère, Sabine et Camille, l'épouse et la sœur de l'aîné des Horaces. Sur l'origine du serment, les hypothèses érudites n'ont pas manqué. En vain. Mais cette vieille énigme de l'histoire de l'art est, à vrai dire, un faux problème. Car la source importe moins que le sens, le référent que le statut du tableau : les deux ne sont pas forcément liés. Même les contemporains, qui ont le jugement prolixe, sont avares d'exégèse. On ne sait, en fait, au-delà des poncifs, ce que l'œuvre signifie.

Avec ses élèves Debret, Drouais surtout, qui lui servent d'assistants, David s'installe dans l'ancien atelier du peintre Costanzi, près de la place du Peuple. Et pour mieux travailler, il élit domicile à La Trinité-des-Monts, dans le quartier des artistes, qui est proche : le peintre allemand Wilhelm Tischbein le voit chaque jour se rendre, studieux, à son atelier. Il sera le premier spectateur du tableau puisqu'il obtient d'entrer, début 1785, dans le lieu clos où David se mure. Un «frisson glacial» étreint l'artiste, de son propre aveu, devant la grandeur sombre de l'œuvre. La toile est alors très avancée, même si l'on voit encore affleurer l'enduit blanc de la préparation. Mais elle ne s'achève que fin juillet, preuve d'une finition lente. David ouvre les portes de son antre aux critiques, aux notables, au public romain : la foule afflue, début août. Tout ce que Rome compte d'artistes et d'antiquaires participe d'un même enthousiasme. «On ne parle plus dans Rome que du peintre français et des *Horaces*», s'écrie David lui-même, dans un accès de fierté ingénue.

A Paris comme à Rome, les rares griefs de la critique sont semblables. On reproche à David sa liberté d'invention : l'absence de texte. D'illustration : le serment *à la normande*, c'est-à-dire de la main gauche, pour deux des Horaces. De composition : les vides qui la ponctuent forment trois tableaux. L'important est ailleurs : dans l'existence d'une critique minoritaire mais hardie, d'esprit philosophique et de langage pamphlétaire, qui annexe l'ouvrage à ses idées subversives, où s'allie Rousseau à Winckelmann. Une thèse récente a mis en vedette ses protagonistes : Carmontelle peut-être, Gorsas et Carra sûrement. Cette *intelligentsia* bohème, plumitifs à gages et Rousseaux des ruisseaux, qui fait de la peinture une machine de guerre contre l'hypocrisie d'une société corrompue, voit en David son interprète naturel. La Rome des *Horaces* devient l'antidote au Paris de Louis XVI : c'est le casque et l'épée contre le fard et la perruque. Le succès du tableau vaut à son auteur une gloire européenne. Il devient, avec Canova, le maître incontesté du nouveau classicisme. Non sans opposition.

L'administration des arts est, à la fin du XVIIIe siècle, une bureaucratie efficace à la dévotion de la monarchie : la Direction des Bâtiments du Roi, vrai ministère, où règne depuis 1774 le comte d'Angiviller (ci-dessous, par Duplessis), dont la politique de commandes vise à faire de la peinture d'histoire un instrument de la propagande royale. D'Angiviller se méfie de David, jugé rebelle et subversif. L'Académie royale encadre les artistes dans une hiérarchie stricte. Elle est gouvernée par le Premier Peintre du roi, qui est Pierre (en bas à droite, par Voiriot), vieux partisan du rococo, hostile à David.

Esthétique : tout le monde n'admet pas qu'il n'y ait désormais point de salut, hors l'antique. D'où la vigoureuse offensive des partisans de la *modernité* qui prônent une «peinture des annales», sujet national et costume historique. Institutionnelle : le comte d'Angiviller, le Premier Peintre Pierre, c'est-à-dire la monarchie et l'Académie, sont hostiles à David. La place de l'œuvre au Salon avait déjà suscité une controverse. Les dimensions de la toile en créent une autre : David bouscule les normes hiérarchiques. «Jamais on ne me fera rien faire au détriment de ma gloire», écrit orgueilleusement l'artiste à son protecteur, le marquis de Bièvre. Acquis aux Lumières, rebelle à l'Académie, il est, pour une monarchie en quête de chantres dociles, un homme à surveiller, voire à exclure. En 1787, lorsqu'il présente sa candidature à la direction de l'Académie de Rome, d'Angiviller lui préfère Ménageot, peintre secondaire, mais sûr...

Le Salon de 1785 d'après la gravure de Martini ; on voit au fond le *Serment des Horaces*. Les toiles tapissent les cimaises du Salon Carré du Louvre. Un public dense et très mêlé s'y presse. On l'évalue à plus de soixante mille visiteurs.

Socrate ou le philosophe contre les pouvoirs

«Quel canevas pour un poète!» s'exclame Diderot de la mort de Socrate dans son *Discours sur la poésie dramatique* (1758). Socrate est, pour les Encyclopédistes, l'image même du philosophe moderne : il fait redescendre la philosophie sur la terre, il démontre par l'exemple l'injustice de la cité. Peindre la mort de Socrate n'est donc pas un choix innocent. Mais il n'est pas propre à David.

La commande du tableau émane d'un milieu précis : le cercle des Trudaine. Héritiers d'une dynastie robine, influente et riche, de grands administrateurs de la monarchie, les frères Trudaine, sont, à vingt ans, dans leur hôtel fastueux de la place Royale (place des Vosges), les animateurs d'une société brillante où se mêlent

David illustre le texte du *Phédon* où Platon (détail de la page de droite) décrit la mort de Socrate : «En même temps [l'esclave] lui tendit la coupe, Socrate la prit avec une sérénité parfaite,... sans trembler, sans changer de couleur ni de visage... Il porta la coupe à ses lèvres, et la vida jusqu'à la dernière goutte avec une aisance et un calme parfaits. Jusque là nous avions eu presque tous assez de force pour retenir nos larmes ; mais en le voyant, et quand il eut bu, nous n'en fûmes plus les maîtres...»

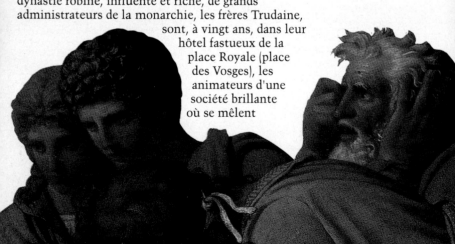

L e meilleur commentaire du *Socrate* au Salon de 1787 est celui du présumé Carmontelle : «Qu'il y a du génie dans cette main de Socrate, suspendue sur la coupe même! Tout occupé d'une matière de la plus extrême importance, près de mourir et soutenant l'âme immortelle, il semble chercher machinalement le poison, l'instrument de sa mort. Il ne saisit point avidement la coupe, ce geste témoignerait simplement qu'il est résolu de mourir; la manière dont il la cherche sans la regarder, sans interrompre son discours, prouve qu'il n'a pas même besoin de s'y résoudre, et qu'en cessant de vivre il est pourtant bien sûr que tout en lui ne mourra pas».

l'aristocratie libérale et *l'intelligentsia* juvénile, également éprises de réformes politiques. Le salon des Trudaine reçoit à la fois le plus grand peintre et le plus grand poète du temps : David et Chénier. En 1786, le frère cadet, Trudaine de la Sablière, sollicite l'artiste d'une *Mort de Socrate* aux dimensions d'un tableau de chevalet. Au même moment, Peyron, le rival de David à Rome, peint pour le roi une ample commande sur le sujet.

L'un et l'autre suivent de près la source essentielle : le *Phédon* de Platon. Condamné par Athènes à boire la ciguë pour avoir corrompu la jeunesse et bafoué les dieux, Socrate meurt serein, dans une cellule, au terme d'un dialogue profond avec ses disciples. David illustre les dernières lignes du *Phédon* : la fermeté du philosophe lorsqu'il saisit la coupe. Mais il introduit dans ce geste un *suspens*. Car Socrate se tourne vers ses disciples pour achever son discours : la mort importe moins que l'enseignement.

Que désigne l'index levé du martyr? Le ciel? Mais la survie de l'âme est, chez les Grecs, souterraine. En tout cas, une réalité supérieure, qui transcende le supplice injuste. Socrate meurt au nom d'idéaux que la cité ne peut asservir. C'est même l'inverse : la mort du philosophe «ruine» les lois de la cité. D'où l'épigraphe que Chénier, admirateur du peintre, helléniste virtuose, aurait proposée à David : «La gloire d'Athènes a péri avec Socrate.» Le sens du tableau s'en éclaire d'autant : le philosophe incarne la promesse d'un ordre nouveau contre l'arbitraire de l'ordre ancien.

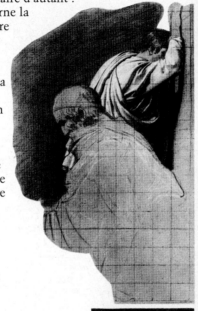

On ne s'étonnera guère qu'au Salon de 1787, où Peyron semble trivial, David paraisse *sublime*. Dans un éloge enthousiaste et subtil, qui relève la nudité poignante du décor (la «mélancolie» de la «voûte»), le pseudo-Carmontelle s'écrie de Socrate : «En cessant de vivre il est pourtant bien sûr que tout en lui ne mourra pas.» C'est «un des plus beaux traités que l'on puisse faire sur l'immortalité de l'âme», enchérit un autre critique. Bref, l'œuvre est comprise : c'est «le triomphe de la philosophie».

Pâris ou l'aristocrate corrompu

Frère cadet de Louis XVI, le comte d'Artois, futur Charles X, fut en son temps le personnage le plus scandaleux de la monarchie. Couvert de dettes jusqu'à la

Socrate exhorte ses disciples en saisissant la coupe de ciguë que lui tend l'esclave-bourreau. A droite, les disciples se désespèrent : Criton, le préféré du maître, lui étreint la cuisse, comme pour le retenir. A gauche, figure de deuil, Platon, qui pourtant n'assistait pas au drame. Au fond, se retire la famille du philosophe, après les adieux.

banqueroute, libertin jusqu'à la débauche, ce dandy tapageur ne recule devant aucun caprice : il a fait ériger en deux mois, sur des plans de Bélanger, le château de Bagatelle, à la suite d'un *pari stupide* avec la reine (1777). Cette folie dispendieuse contribue à sa ruine, financière et morale. Le prince, qui collectionne par snobisme, non par goût, en suivant les conseils éclairés du marquis de Vaudreuil, commande aux jeunes artistes des mythologies galantes : Vincent, David. Le premier peint un couple moderne, qui vient du Tasse : *Renaud et Armide* (Salon de 1787, disparu). Le second peint un couple antique, qui vient d'Homère : *Pâris et Hélène* (Salon de 1789). Les deux tableaux se complétaient sans doute : celui de David fut retardé par un «accident grave» ou une «longue maladie», qu'on ignore – peut-être la chute d'un échafaudage dans l'hôtel de la Guimard, dont il parachevait la décoration.

La commande, mal connue, dérive à coup sûr du succès des *Horaces*. Vers 1785, Artois s'assagit : une liaison salutaire et durable avec la vicomtesse de Polastron, dame du palais de la reine, change ce Valmont cynique, aux liaisons dangereuses, en un Saint-Preux féru de sa nouvelle Héloïse. Le prince, de viveur, se fait politique. Las ! Pour le plus grand malheur de la monarchie, qu'il discrédite en s'opposant à toutes ses réformes, par un conservatisme borné d'aristocrate *ultra*, dont il est le parangon. Un tel commanditaire a tout pour jeter un peintre philosophe, imbu des Lumières, dans l'embarras. David s'en tire par un procédé voltairien : l'ironie. Mais c'est l'ironie même de *l'Iliade*. Celle d'Homère.

Prestigieux mais coupable, parce qu'illicite, comme le duo Artois-Polastron, le couple homérique s'oppose au couple modèle, chaste et légitime, d'Hector et d'Andromaque : il est luxurieux, subversif,

David portraiture en 1788 le chimiste Lavoisier et son épouse : version moderne et positive du couple bourgeois, qui est l'antithèse du *Pâris et Hélène*, peint pour le comte d'Artois (ci-dessous par Moitte).

maudit. Pâris se distingue chez Homère par ces deux traits peu flatteurs : la lâcheté (il fuit le combat), la mollesse (il se complaît dans le luxe). Ce «perfide séducteur» n'est «vaillant qu'auprès des femmes». La traduction de Mme Dacier, prude et moralisante, qu'a suivie David, car elle fait autorité depuis le début du siècle, ne cesse de brocarder ce guerrier d'alcôve. Pâris devient un personnage nettement péjoratif – un antihéros.

Pour rendre sa «chambre magnifique», dont parle Homère, plus propice aux joutes amoureuses qu'aux veillées martiales, le peintre déploie toutes les ressources d'une archéologie virtuose, dont l'érudition stupéfie : le décor est saturé de motifs antiques, fortement allusifs, qui célèbrent les jeux de l'*Eros*. Une ironie légère transforme la toile en satire feutrée : l'arc et le carquois négligents, suspendus à la statue d'Aphrodite, soulignent l'hommage à la déesse de l'Amour, mais aussi la désinvolture militaire de

S aturé de motifs antiques, le *Pâris et Hélène* se prête à une lecture attentive. A preuve, ces deux citations de l'Antiquité : le *Jugement de Pâris*, qui décore le médaillon de la lyre, l'*Eros et Psyché*, qui orne le pilastre de la cloison centrale.

l'archer Pâris. Allusion directe à l'inutilité d'une aristocratie qui ne justifie plus ses privilèges par l'impôt du sang. Mais on aura garde de ne voir, dans le *Pâris et Hélène*, qu'une œuvre à clef. C'est d'abord le premier tableau grec de la peinture française : un manifeste du classicisme selon Winckelmann, illustrant avec brio toute une série de concepts esthétiques encore neufs – la grâce (antique), la nudité (héroïque), le drapé (diaphane). Symbole : la tribune des cariatides se réfère à Jean Goujon, sculpteur de la Renaissance, maître précurseur de cet hellénisme élégant.

La critique du Salon, où le peintre expose aussi le *Brutus*, s'avoue déroutée par ce David gracieux. Mais les libellistes les plus perspicaces font le lien entre les deux registres de l'œuvre : la satire et la théorie. Entre la révolution dans l'art et la Révolution tout court.

Brutus ou la «morgue républicaine»

«Hier, onze du mois d'août, le comte d'Angiviller, soi-disant gouverneur du Salon de peinture, a ordonné à M. Cuvillier, gouverneur de la Samaritaine, qu'il ordonnât à M. Vien, Premier peintre du roi, de défendre au célèbre M. David, de la part du roi qui n'en sait rien, d'exposer un tableau de sa composition, représentant les deux fils de Brutus, immolés par leur père au salut de la patrie.» Le 12 août 1789, le journaliste Feydel lance dans la presse une campagne agressive contre la censure du *Brutus*, à l'approche du Salon. La polémique a sans doute un effet dissuasif, car l'ouvrage est exposé, quoique avec retard, dû à l'inachèvement.

A-t-on voulu censurer le tableau de David ? C'est probable. Des textes, des indices, des précédents le laissent croire. Et le peintre lui-même l'a écrit. Mais pourquoi ? Pour son sujet.

Comme le *Bélisaire* dans Marmontel, le *Brutus* prend racine dans Voltaire. Mais en toute liberté : l'artiste, comme toujours, invente l'épisode, qui ne figure nulle part, pour accroître le drame. Son inspiration s'étale de sources plastiques : le *Brutus* du Capitole, antique célèbre, a prêté ses traits austères au *Brutus* de David.

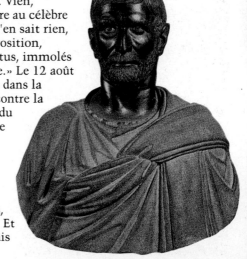

Brutus est un héros de la liberté : il chasse les Tarquins de Rome, et fonde la république. Les Philosophes en ont fait une figure fétiche. Depuis Voltaire : son *Brutus* fut créé en 1730. On y voit déjà le consul inflexible ordonner sans remords l'exécution de ses fils qui ont conspiré contre la république. Or, la tragédie est reprise à Paris, le 25 janvier 1786... pour une seule représentation. Censure ? On ne sait. Mais en prônant la loi contre le pouvoir ou les passions, en revendiquant le droit de résister à la tyrannie, la pièce ne peut qu'être jugée séditieuse. Surtout, David a l'audace d'une trouvaille décisive, que salue la critique, une idée «neuve et grande», un «trait de génie» : il peint Brutus dans l'*ombre*. Une ombre dense, comme un nuage de deuil, qui a valeur de

métaphore : elle traduit le conflit du héros. Conflit moral : l'affection du père contre le devoir du consul. Conflit politique : la rigueur de la loi contre la tentation de l'arbitraire. Mais l'ombre de Brutus est pesante. Elle le rend sinistre. De là, toute l'ambiguïté du tableau : David a-t-il peint un modèle de vertu ou un monstre de fanatisme ? La critique du Salon penche plutôt pour cette dernière hypothèse. Même la plus progressiste : le pseudo-Carmontelle, qui acclame «le premier tableau de génie sorti de l'école moderne», préfère le pathétique des femmes à la cruauté du

Dans l'esquisse du *Brutus* (à gauche), David avait planté sur les piques des licteurs les têtes des suppliciés. Motif sulfureux : il disparaît dans le grand tableau.

consul. «Qu'il est beau d'avoir su cacher dans la demi-teinte, le héros presque odieux d'un patriotisme dénaturé.» Non sans paradoxe, les extrêmes se rejoignent. Un aristocrate conservateur, comme Mende-Maupas, subtil exégète d'une œuvre qu'il admire, condamne «la morgue républicaine» du romain, signe menaçant d'un ordre nouveau, dont il redoute la contagion. Le *Brutus* est en somme la première réponse de David à la Révolution. Elle suggère que l'avènement de la loi est une entreprise cruelle qui postule, selon un mot d'époque, «le sublime de la férocité».

❝ J. Brutus, premier consul, de retour en sa maison après avoir condamné ses deux fils qui s'étaient unis aux Tarquins et avaient conspiré contre la liberté romaine : des licteurs rapportent leurs corps pour qu'on leur donne la sépulture. **❞**
Livret du Salon de 1789.

« C' est un grand malheur que cette charogne n'ait pas été étranglée ou taillée en morceaux par les émeutières, car tant qu'elle sera vivante, il n'y aura pas de paix dans ce royaume», se serait écrié David de Marie-Antoinette, le 6 octobre 1789, au lendemain du retour forcé des souverains à Paris.

CHAPITRE III
L'ARTISTE ENGAGÉ

P ortrait de l'artiste en notable : l'*Autoportrait aux trois collets*, vers 1791. Le costume est guindé, l'expression directe, et rien n'évoque le labeur pictural. Le peintre néoclassique est un producteur intellectuel, non un artisan : un maître de l'Idée, non du faire. Un «peintre philosophe». Seul, le regard, chargé de tourment, trahit la subjectivité.

A la Révolution de 1789, quelle fut la réaction de David ? Aucun document ne permet de le dire. Seuls quelques indices laissent présumer l'attitude du peintre. Comme ces propos abrupts contre la reine que rapporte Filippo Mazzei, un émigré italien, qui anime les milieux cosmopolites de la capitale. Leur violence trahit chez le peintre un certain radicalisme. Mais la première expression de sa pensée politique, c'est le projet de Nantes.

Nantes ou l'allégorie pamphlétaire

L'architecte nantais Mathurin Crucy avait proposé au peintre, son ancien condisciple à Rome, de commémorer par un tableau la révolution nantaise de l'hiver 1788-1789, où Nantes a donné à la Bretagne l'exemple de son zèle civique.

Le 9 décembre 1789, David lui adresse un projet d'allégorie : «Il faudrait supposer la France comme elle était auparavant, déchirée par tous les déprédateurs, et alors je mettrai la figure de la France sur un trône, les abus qui la déchirent par lambeaux, le faux mérite qui triomphe et le vrai dans l'ombre.» L'allégorie – l'idée faite image – est le vieux langage de la tradition classique, dont un Winckelmann prône du reste le renouveau. La virulence des termes lui donne ici une autre jeunesse. Contre l'Ancien Régime, David brosse un réquisitoire où le mot de *vampires* désigne à la vindicte les ordres privilégiés : le clergé, la noblesse.

C'est le premier texte connu où l'artiste s'exprime sur la Révolution, le *premier* témoignage direct de ses idées politiques. Idées militantes : même si l'on fait la part de l'emphase d'époque, David paraît être, dès cette date, un révolutionnaire plus que convaincu.

Le 15 mars 1790, il part pour Nantes, où il séjourne jusqu'à la fin avril, la municipalité lui ayant commandé le portrait du maire, Kervégan, zélateur de la Révolution. David est fêté à

" ...Le commerce languissant, l'agriculteur couché sur des gerbes de blé et mourant de faim, le clergé et la noblesse se disputant entre eux le prix de ses succès, alors les Bretons et leur maire à leur tête, indignés d'un tel spectacle, fondent sur les vampires et la France reconnaissante se met sous leur protection... "
David à Crucy,
9 décembre 1789.

junii Bruti imago

Nantes ce 28 avril 1790.

Nantes avec un faste qui atteste sa gloire. Mieux : son crédit. Lors du banquet d'adieu, pressé par les convives, le peintre esquisse, en quelques traits, la figure de son Brutus sur un morceau de papier. Que des armateurs nantais acclament Brutus montre assez que le consul romain est devenu un symbole politique dans la France entière.

David a dessiné le profil de Kervégan, maire «progressiste» de Nantes (à gauche). Mais il ne peignit pas son portrait, faute de commande ferme. Pas plus que la grande allégorie nantaise, dont cette figure virile est la seule étude sûre... et véhémente.

Mais le voyage est un échec : la mairie ne confirme pas la commande de l'allégorie. David y aura consacré ses efforts jusqu'à l'été 1790.

Deux ans plus tard, dans une lettre à un édile nantais (juillet 1792), l'artiste réclame des dédommagements : «mille écus pour la composition du tableau projeté et les six mois de mon temps à faire les études relatives». Et de déplorer non sans amertume les réticences de la municipalité, «ne statuant sur rien, n'entrant dans aucune espèce d'engagement» : c'est que «les résolutions n'étaient pas bien ferventes».

Du grand projet nantais, le premier qu'ait dédié David à la Révolution, ne subsistent que des croquis incertains dans un carnet du Louvre. Le seul qui soit sûr porte une annotation... mordante, qui confirme les propos incisifs du peintre contre le vampirisme des privilégiés : «faire le fort qui s'abreuve du sang du faible d'un laboureur». L'allégorie de Nantes était bien un pamphlet politique.

Le «sublime tableau» : l'échec du Jeu de Paume.
Le culte du Serment

«Nous jurons de ne jamais nous séparer de l'Assemblée nationale, et de nous réunir partout où les circonstances l'exigeront, jusqu'à ce que la Constitution du royaume soit établie et affermie sur des fondements solides...» Le 20 juin 1789, debout sur une table, estrade improvisée, dans la salle du Jeu de Paume à Versailles, l'astronome Bailly, président de l'Assemblée, prononce à voix haute, sous les vivats du peuple, le fameux serment qui fonde l'autorité de la Constituante, c'est-à-dire de la représentation nationale, dominée par le Tiers État.

Que l'événement fût décisif est si clair pour les contemporains qu'on célèbre avec faste son premier anniversaire. Mais sans unité. Deux clientèles opposées, voire ennemies, rivalisent dans les rites commémoratifs que ponctuent deux banquets concurrents : la *Société de 1789*, qui regroupe, de Lavoisier à Chénier, l'élite libérale du cercle des Trudaine, et la *Société du Jeu de Paume*, où se retrouvent tous les patriotes.

Ainsi naît, première étape dans la religion des éphémérides révolutionnaires, le culte du Jeu de Paume. On ne sait si David fut de ces festivités. Mais il se peut qu'elles aient suggéré au peintre l'idée d'un tableau. Car la date des premières études, dont beaucoup sont perdues, est incertaine. Le 11 août 1790, Girodet interpelle Gérard dans une lettre de Rome au sujet de leur maître commun : «David a-t-il commencé son tableau de la Révolution?» La formule peut s'appliquer encore au projet nantais, ou déjà au projet du Jeu de Paume. A l'automne 1790, en tout cas, les dés sont jetés. Le projet devient officiel. Avec un patronage : celui des Jacobins. Moment clef dans la carrière du peintre : l'art et le politique se rejoignent enfin. A ciel ouvert.

Jean-Sylvain Bailly (1736-1793), le héros du 20 juin 1789, homme d'Ancien Régime, astronome saisi par le vertige de la politique, est promis à la tragédie : il expiera sur l'échafaud, en novembre 1793, le massacre du Champ-de-Mars. La caricature est de David.

David jacobin

Comment David devient-il jacobin? Les premiers contacts se nouent sans doute à l'été 1790, dans la lutte contre l'Académie, en conduisant à l'Assemblée les délégations de dissidents. Dès l'automne est attestée son affiliation: David «est, me dit-il, du club des Jacobins, qu'il affectionne beaucoup», écrit Girodet à Gérard, le 28 septembre. Son nom figure en décembre sur une liste publique des membres du club.

Le *Serment du Jeu de Paume* dessiné par Prieur pour la série gravée des *Tableaux de la Révolution*, avant l'exposition du grand dessin de David (l'estampe date du 15 juin 1791): élan des députés, enthousiasme du public, nudité de la salle.

Le 28 octobre, Dubois-Crancé, ancien mousquetaire du roi, député à l'Assemblée, monte à la tribune des Jacobins pour y défendre une double motion, rédigée de concert avec l'artiste. Elle vise d'abord à préserver la salle du Jeu de Paume. Puis à solliciter David de représenter le serment : «On demande que le beau moment du serment prêté au Jeu de Paume fasse le sujet d'un tableau de trente pieds de hauteur sur vingt de large [près de dix mètres sur plus de six], et dont la société fera hommage à l'Assemblée nationale, pour orner le lieu des séances.» La motion prévoit le financement : une *souscription* à la gravure du tableau. Elle est saluée d'applaudissements nourris. David, «tout pâle d'enthousiasme, monta à la tribune, exprima d'une voix frémissante sa gratitude», et conclut, d'après un témoin, sur un mot qui fit mouche : «On m'a ravi le sommeil pour une série de nuits.» A Mirabeau lui-même échoit l'honneur de transmettre le vœu à l'Assemblée : il s'en acquitte dans son style oratoire, au souffle vibrant, où passent des visions d'épopée, dont se souviendra le peintre. Le 6 novembre, Barnave, au nom de l'Assemblée, agrée l'hommage du tableau. Dubois-Crancé, Mirabeau, Barnave : on retrouvera sur la toile, en bonne place, les trois effigies tutélaires, qui ont plus de rapports avec la commande qu'avec l'œuvre.

Une œuvre tiède

Au printemps 1791, le dessin qui doit servir à la gravure est prêt. David l'expose dans son atelier, fin mai-début juin 1791, aux amateurs et aux artistes. Puis à tous, en septembre, au Salon.

La composition s'ordonne autour de trois personnages, dont deux collectifs : Bailly, debout, la main levée comme une allégorie vivante du serment ; la foule des députés, qui exprime toutes les nuances de l'enthousiasme ; et le peuple, qui les acclame aux

Dubois-Crancé (1746-1814), député actif à la Constituante, intime de David, conventionnel et régicide, fut préservé de l'échafaud par Thermidor, avant d'être le ministre de la Guerre impuissant du 18 Brumaire.

Soucieux de vraisemblance (non de vérité) historique, David a étudié la salle du Jeu de Paume : ce croquis fidèle porte des notations de couleurs.

croisées, dont les rideaux s'enflent du grand vent de l'histoire. Mais l'élément le plus spectaculaire est sans doute le décor. David, qui l'a étudié sur place accentue l'immensité de la salle, qui donne aux acteurs un tour solennel : «ces murs nus et noircis, images d'une prison et transformés en temple de la liberté», selon la puissante antithèse de Mirabeau. Le peintre a, du reste, doté les figures du costume d'époque. Mais ce réalisme s'arrête là. Car il prend soin d'avertir les visiteurs du Salon qu'il n'a pas voulu «donner la ressemblance aux membres de l'Assemblée» : il ne s'agit encore que d'une esquisse.

L'accueil est fervent. Le public se bouscule devant le dessin, qui est accroché sous le *Serment des Horaces*, que l'artiste expose de nouveau. Les deux serments, l'antique et le moderne, se renvoient l'un à l'autre. «Mais déjà la presse est grande, et n'approche pas qui veut ; il faut attendre son tour pour voir l'ouvrage», note un témoin. La critique n'est pas en reste. «Rien de plus ingénieux, de plus grand, de plus sublime et de plus poétique que la composition de ce dessin», s'exclame un citoyen patriote. Car les jugements sont partisans : sous l'admiration perce la politique. Il y a ceux qui louent le «patriotisme brûlant» du dessin, sans y voir autre chose. Il y a les conservateurs, qui mêlent de la grogne à leurs éloges pour des raisons évidentes : en exaltant «le premier cri de la Liberté», David fait l'apologie du Tiers État souverain. «... Il est bon de rappeler à l'auteur du dessin qu'il est statué que le gouvernement français est monarchique», affirme un censeur antirépublicain. Il y a enfin les révolutionnaires les plus engagés, qui sont aussi les critiques les plus sévères. Ils reprochent à la mise en scène sa neutralité : elle ne fait pas du serment une déclaration de guerre au despotisme. L'œuvre est *tiède*. Seule ou

Ce portrait de Mirabeau est d'attribution traditionnelle à David. L'artiste a plusieurs fois caricaturé la hure célèbre du tribun, mais dans le tableau du *Jeu de Paume*, David prête à l'orateur des traits nobles, juvéniles, idéaux, sans rapport avec le modèle. Le discrédit de Mirabeau, mort à propos, en avril 1791, joua son rôle dans l'abandon de l'œuvre.

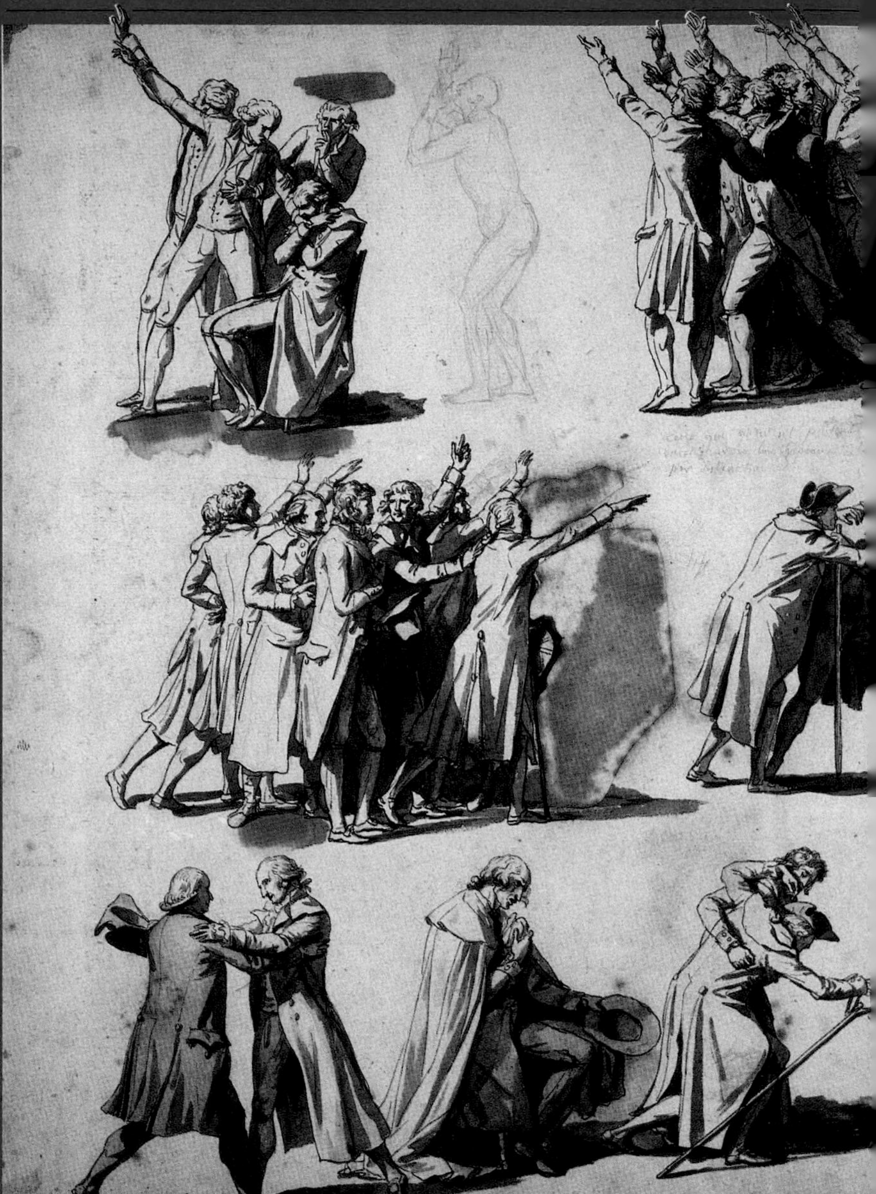

La modernité contre l'idéal

La nouveauté du *Jeu de Paume* tient à son sujet : moderne. David peint son temps. La peinture d'histoire se fait désormais au présent. Obstacle : le costume, sans noblesse. L'idéal passe par la nudité. Cette contradiction ne favorise pas l'achèvement de l'ouvrage. En février 1792, tandis qu'il travaille à sa toile, le peintre vante la modernité de son sujet, qui est aussi patriotique.

« O ma patrie ! O ma chère patrie ! Nous ne serons donc plus obligés d'aller chercher dans l'histoire des peuples anciens de quoi exercer nos pinceaux. Les sujets manquaient aux artistes, obligés de se répéter, et maintenant les artistes manqueraient aux sujets. Non, l'histoire d'aucun peuple ne m'offre rien de si grand, de si sublime que ce serment du Jeu de Paume que je dois peindre. Non, je n'aurai pas besoin d'invoquer les dieux de la fable pour échauffer mon génie. Nation française, c'est ta gloire que je veux propager. »

L'inachèvement politique

L e *Serment du Jeu de Paume* est resté, inachevé, dans l'église des Feuillants, où David l'a peint, jusqu'en 1803. A la fin de la Révolution, l'artiste songe à le terminer. Sans suite. Dans un projet de mémoire au ministre de l'époque, vers 1798, il résume l'histoire du tableau, et les causes de son inachèvement : elles sont politiques.

❝ Les chances révolutionnaires dérangèrent toutes mes idées. L'opinion publique, qui resta flottante pendant quelques années, mes malheurs et beaucoup d'autres circonstances glacèrent mes pinceaux. Aujourd'hui enfin que les esprits sont plus calmes, que les idées saines sont distinguées et ne sont plus confondues ni avec les extravagances révolutionnaires ni avec les réactions perfides qui en ont été la suite; aujourd'hui, dis-je, que l'esprit public est bien assis, chacun me dit à l'envi de reprendre mes pinceaux, et toutes ces voix répètent à l'unisson : Faites donc votre tableau du Jeu de Paume, jamais plus beau sujet ne s'est trouvé dans l'histoire des peuples qui nous ont devancés. ❞

presque échappe à tout grief la
figure de... Robespierre. «Cet
homme respectable à tout jamais est
rendu dans toute la vérité possible.»

Une œuvre dépassée

Cette allégeance parle d'elle-même. Dès
l'automne 1791, le projet de David est
suspect aux vrais patriotes. A cette
menace d'échec politique s'ajoute la
certitude de l'échec financier. La
souscription à la gravure est un
désastre. Le 17 juin, les fonds
recueillis s'élèvent à 5 631 livres, à peine de
quoi subvenir au cadre du tableau. David en
espérait 72 000 livres, coût estimé du projet. Il
faut donc trouver un autre support : ce sera l'Etat.

Le 28 septembre, deux jours avant sa dissolution,
Barère, ami de David, obtient de l'Assemblée
constituante qu'elle transfère au Trésor public la
charge de l'œuvre. C'est la patrie elle-même,
s'exclame l'habile orateur, qui doit commémorer ses
fastes, à l'exemple des Anciens. Déjà, l'artiste avait
installé son atelier dans l'église désaffectée des
Feuillants, qui jouxte la Salle du Manège, où siège
l'Assemblée, près des Tuileries. Car les dimensions de
la toile excèdent de beaucoup celles des commandes
ordinaires.

Sur l'enduit grisâtre, David dessine deux fois ses
figures : d'abord nues (au crayon blanc), d'après une
pratique constante, pour en étudier l'anatomie, puis
habillées (à la peinture grise), avec des variantes. Il a
même fait passer dans le *Moniteur* une annonce
priant les députés du Jeu de Paume de venir poser ou
de lui envoyer leurs effigies gravées. Mais cette
louable rigueur ne l'empêche pas de prendre avec
l'Histoire des *libertés* singulières. La composition,
réduite à quelques figures, se partage en deux groupes
majeurs : celui des «religieux», à gauche, plaidoyer
pour la tolérance (l'abbé Grégoire, le pasteur Rabaut
Saint-Etienne, et le chartreux Dom Gerle, qui n'y
était pas), celui des «orateurs», à droite, puissamment
idéalisés, Dubois-Crancé, Mirabeau, Barnave,

David a consacré au
Jeu de Paume un
labeur intense :
«quinze mois
consécutifs» jusqu'en
septembre 1792.

❝ J'ai conçu, composé,
ordonné le tableau, et
j'en ai fait l'esquisse;
j'ai dépensé 100 000
livres pour l'achat
d'une toile; chaque jour
je payais un nouveau
modèle pour m'aider
dans l'exécution; le
dessin du tableau est
fini sur la toile; quatre
figures principales
étaient déjà peintes;
une esquisse pour la
gravure... était
préparée, quand les
événements politiques
sont venus suspendre
mes travaux et le cours
de la souscription. ❞

L'effigie de Prieur de la Marne participe d'une série d'études caractéristiques pour le *Serment du Jeu de Paume*. David a multiplié les travaux préparatoires, dont une part substantielle a disparu. Avocat sous l'Ancien Régime, montagnard convaincu, Conventionnel et régicide, membre du Comité de Salut Public, Pierre-Louis Prieur (1756-1827) ne figure pas sur le grand tableau. Il existe plusieurs versions de cette étude, qui était couplée sur la même toile avec la tête de Filippo Mazzei, l'ami de David, et les opinions divergent sur leur autographie.

auxquels s'agrège le père Gérard, figure pittoresque du club Breton, qui préfigure celui des Jacobins. Entre les deux groupes, de profil, dans une pose étrange, comme s'il aspirait à un monde supérieur, Robespierre lui-même. L'ébauche de Versailles, héros nus, postures nobles et formes idéales, est, dans son inachèvement, qui ajoute du mystère, un vertigineux morceau d'épopée.

Pourquoi David n'achève-t-il pas la toile ? On sait qu'il y travaille intensément, de son propre aveu, de l'automne 1791 à l'été 1792. Mais on le voit reparaître dès avril-mai aux séances des commissions artistiques où le peintre siège. On en déduit qu'il met un terme à son labeur. Il y a deux raisons majeures à cet abandon.

L'une est d'ordre esthétique : le *costume*. Entre la nudité idéale, principe du classicisme, prôné par Winckelmann, et le costume moderne, qui est jugé ignoble, c'est-à-dire sans noblesse, par les contemporains eux-mêmes, la contradiction est explosive. David ne la résoudra qu'en peignant la légende napoléonienne.

La seconde raison est d'ordre historique : l'œuvre est *dépassée*. Par l'évolution politique : celle des Jacobins, celle de David lui-même. Depuis l'été 1791, les personnages du tableau sont voués à l'opprobre des patriotes : Mirabeau, suspect de trahison malgré les honneurs posthumes ; Bailly, tenu pour responsable de la fusillade du Champ de Mars ; Barnave, qui défend la monarchie au retour de Varennes. Les héros sont discrédités. Et le serment lui-même n'est plus, selon le mot vengeur de Marat, qu'une «pantalonnade».

La liberté de l'artiste

L'histoire imite l'art : elle se fait peinture, comme un tableau vivant. Le 7 septembre 1789, vingt et une femmes d'artiste, dont Mme David, se rendaient en délégation à l'Assemblée constituante pour offrir leurs bijoux à la Nation, sur le modèle patriotique des héroïnes romaines. Cette belle unanimité dure peu : la lutte contre l'Académie divise les artistes. Avec une institution périmée, David règle ses comptes. Le 14 décembre 1789, il est élu président des membres

L'élan patriotique du monde artiste, le 7 septembre 1789 (ci-dessous), se brise sur la question des Académies, que David fait abolir par la Convention, le 8 août 1793 : «... Démasquons l'esprit de corps qui les dirige, la basse jalousie des membres qui les composent, les moyens cruels qu'ils emploient pour étouffer les talents naissants, et les vengeances monacales qu'ils mettent à toute heure en usage si par malheur le jeune homme qu'ils poursuivent a reçu de la nature un talent qui le met hors d'atteinte de leur tyrannique domination.»

dissidents de l'Académie, qui militent pour la révision de ses statuts. C'est le début d'une guerre ouverte entre les défenseurs de la tradition, comme Vien, et les partisans de la liberté des arts : liberté d'enseigner, liberté d'exposer. Elle prend, dès 1790, un tour *politique* : David n'hésite pas à multiplier les démarches auprès de l'Assemblée, puis des Jacobins. En septembre, il réunit trois cents artistes en Commune des Arts, ouverte à tous, sans exclusive ni privilège, comme une antithèse de l'Académie. Déjà, celle-ci perd le monopole du Salon, où chacun expose librement. Le Salon de 1791 est le premier Salon de la Liberté.

Après le 10 août 1791, les jours de l'Académie, survivance de l'Ancien Régime, archaïsme corporatif, sont comptés. Au peintre Renou, qui en est le secrétaire, et l'invite à y reprendre son enseignement, David réplique avec mépris, en avril 1793 : «Je fus autrefois de l'Académie.»

Le 8 août, il prononce à la Convention un violent réquisitoire contre la Bastille académique, «dernier refuge de toutes les aristocraties». Deux griefs y prévalent.

Le premier, c'est le «mauvais mode d'éducation» : poncifs du métier, cumul des manières. Le peintre, dont l'atelier brille, depuis Drouais, par la qualité des élèves (Fabre, Girodet, Gérard...), ne cesse de militer pour une autre pédagogie.

Le second grief, c'est «l'équilibre des talents» : jalousie des médiocres, haine du génie. Autobiographie mal déguisée : David fait allusion à ses propres tourments. Par décret, la Convention supprime le jour même toutes les Académies. C'est le début d'une ère nouvelle : celle de l'artiste *libre*.

Vien, maître de David (ici par Duplessis en 1784), fut contre lui, et comme Premier peintre, le défenseur de l'Académie. David n'a cessé de mettre en garde ses élèves contre les procédés et la routine de son enseignement.

** L'Académie est comme la boutique d'un perruquier, on ne peut en sortir sans avoir du blanc à son habit. Que de temps vous perdez à oublier ces attitudes, ces mouvements de convention dont ses professeurs tendent, comme une carcasse de poulet, la poitrine du modèle. Ce dernier lui-même, avec leurs ficelles, n'est pas à l'abri de leurs manières. Ils vous apprendront sans doute à faire votre torse, le métier enfin ; car ils font métier de la peinture, quant à moi, le métier, je le méprise comme de la boue. **

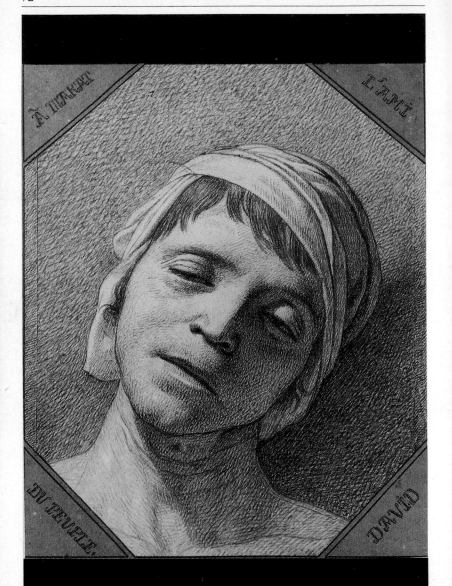

Paris, le 17 juillet 1791. Au Champ de Mars, la garde nationale tire sur la foule qui signe, à l'Autel de la Patrie, la pétition des Cordeliers proclamant la déchéance du roi, après la fuite à Varennes. Au bas de la pétition, qui a brûlé sous la Commune, figurait, d'après Michelet, le nom de David.

CHAPITRE IV
LE CHANTRE DE LA TERREUR

Marat par David, peu après sa mort. Ce dessin poignant, que la gravure a rendu célèbre, n'idéalise pas encore les traits du martyr.

Le Triomphe du Peuple français. Projet pour un décor de l'Opéra (avril 1794) : le peuple en Hercule écrase les tyrans sous son char, qu'escortent les martyrs de la Liberté.

L'artiste en politique

L'artiste s'est rendu au Champ de Mars, le jour de la fusillade, pour signer. Dans une lettre d'octobre 1792, il rappelle avec fierté au ministre girondin Roland qu'ils se sont connus à cette occasion «sur l'autel de la Patrie». La signature de David en dit long sur son évolution politique : le jacobin néophyte de l'automne précédent se mêle aux patriotes du parti populaire pour approuver un manifeste républicain. Ce David radical, qui affleurait déjà dans certains propos, passe outre aux réticences de ses propres amis, plus timorés, les Jacobins. La politique le tente : il se présente en septembre à l'élection de l'Assemblée législative. En vain.

La foi républicaine du peintre ne l'empêche pas d'accepter la commande officielle du portrait de… Louis XVI. Il est vrai qu'il s'agit de montrer un monarque constitutionnel et quasi démissionnaire. «Le roi se fait actuellement peindre donnant la Constitution à son fils le prince royal. Il a sollicité le pinceau patriotique du célèbre David», annonce un périodique parisien de mars 1792. La commande remonte en fait à l'automne précédent : la Constituante avait souhaité corriger l'image flétrie du roi par ces deux principes rédempteurs, le principe constitutionnel et le principe successoral. Cette effigie orthodoxe est destinée à la salle du Conseil, aux Tuileries. Mais la presse patriote fait grief à l'artiste d'avoir accepté la tâche, vite délaissée, par la force des événements.

Mars 1792. C'est le début du grand clivage politique qui prélude à la deuxième Révolution : le 10 Août. David signe une autre pétition, qui réclame une fête pour les Suisses de Châteauvieux. Vieille affaire.

On connaît de David une série de croquis pour le portrait de Louis XVI donnant au Dauphin la Constitution. L'un d'entre eux porte une annotation de l'artiste qui renforce l'esprit légaliste du projet : «mettre une table dans la bonne position ; y placer dessus le sceptre et la couronne et faire connaître qu'il ne peut régner qu'en observant religieusement les devoirs qu'elle lui impose». La Constitution est tout, et le monarque n'est rien. David, après Thermidor, a nié le projet, qui soulevait l'ire des patriotes, cause probable de son abandon.

En août 1790, à Nancy, ce régiment,
travaillé de meneurs patriotes, se
mutine. La brutale répression du
marquis de Bouillé fait un martyr,
le jeune Désilles, qui s'interposait.

Marat, Hébert, d'autres encore,
ne cessent de plaider la
réhabilitation des mutins. Fin 1791,
l'amnistie les arrache aux galères. Les Jacobins
organisent à Paris, en leur honneur, le 15 avril 1792,
une fête de la Liberté, que David est appelé à
concevoir. C'est la première grande démonstration
publique des Jacobins, et la première fête que David
dirige. Il invente surtout la décoration du char qui
porte une figure colossale de la Liberté. On y voyait,
dans une profusion d'emblèmes civiques, deux
panneaux montrant *Guillaume Tell* et *Brutus*,

David est, de 1792 à
1794, le grand
ordonnateur des fêtes
révolutionnaires. Fête
de la Liberté, le 15 avril
1792, sur la place de la
Révolution (place de la
Concorde), avec son
char allégorique (en
haut). Fête de la
Fraternité, le 10 août
1793, de la Bastille au
Champ de Mars, avec
la figure du Peuple
écrasant l'aristocratie
(médaillon). Fête de
l'Etre Suprême, le
8 juin 1794, au Champ
de Mars, avec sa
montagne artificielle,
Olympe rocheux du
déisme philosophique.

héros désormais fétiches des Jacobins.

Les constitutionnels, farouchement hostiles, répliquent, le 3 juin, par une autre fête, en l'honneur de Simonneau. Le maire d'Etampes assassiné par des paysans devient un martyr de la loi et de l'ordre. Le maître d'œuvre en est Quatremère de Quincy.

Ainsi se cristallisent les antagonismes politiques : un gouffre se creuse entre ceux qui veulent, selon le mot de Barnave, *terminer* la Révolution, et ceux qui veulent la *recommencer*.

Entre David et ses amis libéraux, les Trudaine, Lavoisier, Pastoret, Chénier surtout, c'est la rupture. Irréversible. Douloureuse : «je n'ai plus d'amis», s'écrie le peintre en décembre. Chénier, qui l'accable d'invectives, après l'avoir couvert de louanges, maudit cruellement

«L'atroce démence
Du stupide David qu'autrefois j'ai chanté».

Le 10 Août reléguera cette ancienne élite dans la clandestinité. Il promeut au contraire David à la Convention, où il est élu, sept jours plus tard, avec le soutien de Marat. L'artiste entre *enfin* en politique.

Lepeletier ou le tableau maudit

«Etes-vous Saint-Fargeau?
   – Oui, monsieur.
   – Mais vous m'avez l'air d'un homme de bien... Vous n'aurez pas voté la mort?...
   – Je l'ai votée, monsieur, ma conscience le voulait ainsi.
   – Voilà ta récompense... Il tire un coutelas, lui traverse le cœur.» C'est ainsi que Michelet restitue le dialogue de l'assassin Pâris et de sa victime, Lepeletier de Saint-Fargeau.

Le 20 janvier 1793, veille de l'exécution du roi, Philippe de Pâris, ancien membre de sa garde, qui a trente ans et le physique robuste, rôde sous les arcades du Palais-Royal, avec sa haine rentrée. Ce royaliste fervent s'est juré de tuer, par représailles, le maître du lieu, qui est le plus illustre des régicides : le duc d'Orléans, dit Philippe-Egalité, jugé traître à son sang. Mais il tarde à paraître. L'homme se rend alors chez le traiteur Février, où dîne un autre régicide,

Le 29 mars 1793, David fait hommage à la Convention du tableau de Lepeletier. Avec éloquence. «J'aurai rempli ma tâche si je fais dire un jour au vieux père, entouré de sa nombreuse famille : "Venez, mes enfants, venez voir celui de vos représentants qui, le premier, est mort pour vous donner la liberté."»

Rev. de Paris.   Honneurs rendus à la mémoire de le Pelletier.   N°. 185. P. 226

Jeudy 24 Janvier 1793. le Corps du Martyr de la Liberté, sorti de la maison de son frere et couvert à demie sur son lit de mort, fut exposé sur le piédéstal de la Statue de Louis XIV. Place des Piques et devant Place de l'Endôme

le Conventionnel Lepeletier, aristocrate de robe, jugé traître à sa caste. Ce sera une victime de rechange : Pâris le poignarde au comptoir, après quelques mots. Mais le crime ne paie pas : reconnu dans sa fuite vers l'Angleterre, le meurtrier se tire une balle dans la tête.

Si les républicains avaient cherché un martyr à opposer au martyr royal, ils n'auraient pu trouver mieux. Louis-Michel Lepeletier, ex-président à mortier du Parlement de Paris, ci-devant marquis de Saint-Fargeau, est de longue date un révolutionnaire convaincu. Symbole éloquent : il a donné son nom à la loi supprimant les titres de noblesse (1790). Il est l'auteur d'un Plan généreux d'éducation publique, voté par la Convention à titre posthume (1793). Jacobins et Cordeliers s'accordent, sous la houlette de Robespierre, à célébrer dignement ce patriote vertueux : ils en font un objet de propagande. Un martyr de la liberté.

Le 24 janvier 1793, le corps du martyr est exposé place des Piques (place Vendôme), sur le piédestal de la statue de Louis XIV par Girardon, abattue depuis le 10 Août. C'est David qui, sur la proposition de Barère, a conçu la scénographie de ces funérailles.

Le cadavre est étendu sur un lit à l'antique, comme l'*Hector*, parmi les candélabres et les brûle-parfums, d'où s'échappent les volutes d'encens. Le torse dénudé laisse voir la plaie sanglante. On défile pour un dernier hommage. Le président de la Convention pose sur la tête du mort la couronne de l'Immortalité. Un ample cortège remonte la rue Saint-Honoré vers le Panthéon. Là, on fait assaut de fraternité patriotique. Cette liturgie funèbre est un modèle de noblesse et de recueillement. «Les funérailles de Lepeletier eurent un grand caractère de religion» (Michelet). Le 29 mars 1793, David présente à la Convention le tableau de Lepeletier, qu'il a peint en deux mois de son propre chef. Le propos est clair : il s'agit bien d'un acte de propagande. L'héroïsme et la vertu sont d'essence républicaines. L'œuvre est accueillie avec enthousiasme : on l'accroche dans la salle même des Séances, on vote sa diffusion par la gravure et la tapisserie, on gratifie l'artiste de 11 000 livres, qu'il rétrocède aux veuves et aux orphelins de la Patrie. Lepeletier gît, demi-nu, sur sa couche, soutenu par un amas d'oreillers aux plis vivaces. Un glaive suspendu, qui est celui de Pâris, dégoutte de sang sur la plaie du cadavre. Il traverse un billet qui portait les mots du régicide : «Je vote la mort du tyran.» Pour que nul n'ignore le sens exact de cette épée de Damoclès, elle arbore une fleur de lys, qui rappelle d'où vient le coup. «Voyez-vous cette épée suspendue sur sa tête et qui n'est retenue que par un cheveu ? Eh bien, mes enfants, cela veut dire quel courage il a fallu à Michel Lepeletier, ainsi qu'à ses généreux collègues, pour envoyer au supplice l'infâme tyran qui nous opprimait depuis si longtemps, puisqu'au moindre mouvement, le cheveu rompu, ils étaient tous immolés.» Et le tableau avait au bas une dédicace orgueilleuse: «David à Lepeletier». L'œuvre est saisissante. Par la force du symbolisme. Par le dépouillement, où s'unissent l'idéalisation des formes, d'inspiration antique, et le réalisme du détail, de facture moderne.

Mais elle a disparu. On ne la connaît plus que par le dessin de Devosge et la gravure (lacérée) de Tardieu. Voilà bien l'une des plus grandes énigmes de l'art français. Qu'est devenu le tableau de David ?

Dûment accroché sur les murs de la Convention, il fut rendu à l'artiste après Thermidor. Ses héritiers le

Le dessin de Devosge (à gauche), qui servit à la gravure de Tardieu (ci-dessus), unique exemplaire – déchiré – qui ait échappé à la vindicte implacable de la fille du défunt, sont les seuls documents qui nous restituent le tableau disparu de David. Le peintre a défini lui-même le rôle de l'*artiste engagé* dans la propagande républicaine : «Chacun de nous est comptable à la patrie des talents qu'il a reçus de la nature... Le vrai patriote doit saisir avec empressement tous les moyens d'éclairer ses concitoyens, et présenter sans cesse à leurs yeux les traits sublimes d'héroïsme et de vertu.»

vendirent au prix fort (100 000 F) à la propre fille du modèle, Mme Lepeletier de Mortefontaine. Non sans craintes. Car celle-ci s'est muée en royaliste haineuse, par un étrange reniement, qui la voue à persécuter l'image même de son père : des présomptions, des témoignages concordants laissent penser qu'elle brûla le chef-d'œuvre de David, dont elle fit détruire les estampes, et jusqu'au cuivre du graveur. Le tableau de Lepeletier est décidément un tableau *maudit*.

Charlotte Corday, après son forfait. Ce tableau anonyme est de sens indécis. Le buste de Lepeletier, au fond, renforce l'idée de martyre. Mais la meurtrière est l'héroïne.

Marat ou la *Pietà* des Montagnards

Samedi 13 juillet 1793, à sept heures du soir, une femme s'arrête devant une maison de la rue des Cordeliers, qui fait face au couvent, désormais célèbre comme cercle politique, rue de l'Ecole-de-Médecine. A l'étage, une porte s'entrouvre sur un visage méfiant. Celui de Simone Evrard, qui veille, tel un cerbère, sur l'accès du lieu. L'étrangère parlemente. Le ton monte. C'est alors qu'on entend *une voix*. Rauque. Elle ordonne qu'on laisse entrer.

Au fond d'une pièce obscure, dans une baignoire de fonte en forme de sabot, où il séjourne des heures pour calmer l'eczéma qui le ronge, se tient un être malingre, au physique disgracié. «Ses cheveux gras, entourés d'un mouchoir ou d'une serviette, sa peau jaune et ses membres grêles, sa grande bouche batracienne, ne rappelaient pas beaucoup que cet être fût un homme», dit Michelet, qui ne l'aime guère, et n'aime que Danton.

L'intruse a promis des renseignements précieux sur les Girondins de Caen, d'où elle vient. L'homme écrit, sous sa dictée, les noms des proscrits, qu'il voue à la guillotine. C'est alors qu'elle extirpe de sa robe blanche le couteau acheté dans une boutique du Palais-Royal. Et frappe. A droite, sous la clavicule, en profondeur. L'homme expire dans un cri : «A moi, ma chère amie!», dit-il, selon la tradition, appelant à l'aide Simone Evrard, sa concubine. Avec ces derniers mots s'éteint la voix chère au peuple de Paris, la voix du Cassandre des sans-culottes, la voix d'un prophète et d'un visionnaire, la voix même de la Révolution.

L'assassinat de Marat par Charlotte Corday

Du *Marat* de Garneray (en bas) au *Marat* de David, on mesure la distance. Chez l'un, portraitiste fidèle, l'*Ami du peuple* exhibe sa laideur légendaire où le génie du visionnaire se discerne mal. Chez David, qui peint son tableau en quatre mois, l'offrant le 14 novembre 1793 à la Convention, pour être accroché près du *Lepeletier*, dans la Salle des Séances, Marat, traits nobles, formes héroïques, expression douloureuse, s'idéalise. Mais le «parfum de l'idéal», *dixit* Baudelaire, n'exclut pas le réalisme de la propagande : chaque détail concourt à la version pieuse du mythe officiel, qui prêche un Marat frugal jusqu'à l'ascèse, bienveillant jusqu'à l'ingénuité, dévoué jusqu'à la mort à la cause du peuple. La main tient la plume : Marat veille pour dénoncer les ennemis de la Révolution. Le drap est reprisé : Marat est un ascète incorruptible. L'assignat charitable traîne sur l'écritoire : Marat aide les indigents. David introduit la *modernité* dans la peinture d'histoire : sujet moderne, intention démonstrative.

fut sans doute un geste inutile. Malade, épuisé, Marat, qui ne va même plus à la Convention, était promis à une fin prochaine. Mais un geste éclatant : ce meurtre stupéfie. Il ajoute à la crise de l'été 1793. «La République, s'écrie Barère à la Convention, n'est plus qu'une grande ville assiégée.» Par la guerre étrangère (contre l'Autriche et la Prusse). Par la guerre de Vendée (la chute de Saumur). Par la guerre civile (l'insurrection fédéraliste). Le 16 juillet, Lyon rebelle, oligarchique et girondine, guillotine un autre martyr républicain, Chalier, qui bravait les riches.

Marat, quand il meurt, est à son faîte. En avril, le Tribunal révolutionnaire l'absout des griefs girondins. Son acquittement est triomphal. En mai, il anime l'offensive contre la Gironde, qui aboutit à sa proscription. Jamais l'*Ami du Peuple* ne fut plus populaire. En témoigne l'émotion de Paris, le 14 juillet, quand la nouvelle de sa mort s'affiche sur les murs. A la Convention, où les délégations affluent, un orateur, Guiraut, interpelle David en désignant le tableau de Lepeletier, qui est au mur :

«David! Où es-tu, David ?

– Me voilà, répond le peintre, de la salle.

– Prends ton pinceau ; il te reste encore un tableau à faire.»

Et David: «Oui, je le ferai.» L'artiste, qui a naguère manifesté des sympathies maratistes, assume à la fois la mise en scène des funérailles et la toile commémorative : le théâtre et la peinture. Son premier dessein est de montrer Marat comme il est mort, et comme il l'a vu lui-même, la veille de l'assassinat.

A vec l'*Ami du Peuple*, David semble avoir eu des affinités politiques. Le peintre, élu à la Convention avec son accord, l'avait glissé dans le dessin du *Jeu de Paume.* En avril 1793, dans le bras de fer de Marat avec la Gironde, il le soutient plusieurs fois. Enfin, président des Jacobins, il lui rend une visite officielle, la veille de sa mort.

David, président des Jacobins, est venu le 12 juillet prendre des nouvelles du malade. «Je le trouvai dans une attitude qui me frappa. Il avait auprès de lui un billot de bois sur lequel était placé de l'encre et du papier, et sa main, sortie de la baignoire, écrivait ses dernières pensées pour le salut du peuple.» C'est l'attitude même où il le peint. Mais non celle de ses funérailles : la «lèpre» qui ravage son corps, même embaumé, interdit son dévoilement, surtout par les chaleurs. Aussi le cadavre est-il exposé, comme Lepeletier, dans un lit funèbre, à l'église des Cordeliers, puis dans la procession des funérailles. Le drap qui l'enveloppe ne découvre que la plaie.

L'*exposition du corps de Marat dans l'église des Cordeliers*, la nuit du 15 juillet 1793. David : «La putréfaction empêche de le tenir debout. D'après cela, nous avons arrêté de le disposer sur un lit, comme Lepeletier, couvert d'un simple drap, ce qui rendra assez bien l'idée de la baignoire.»

La pompe funèbre de Marat, dans la nuit du 16 juillet 1793, fut sans doute la liturgie la plus pathétique de la Révolution. On devrait dire : la plus *religieuse*. Le cortège, qui sinue sur la rive gauche, des Cordeliers à la place Saint-Michel et retour, est ponctué de stations, comme un Calvaire, où les sans-culottes des sections parisiennes expriment «spontanément» leur vénération. Le son grave du tambour se mêle aux airs de Glück et aux chants patriotiques, à la lueur des flambeaux, dans l'odeur de l'encens et des aromates. L'*Ami du Peuple* est inhumé dans le jardin même des Cordeliers : on le transfère en septembre 1794 au Panthéon, sous… Thermidor. On voue dès lors à sa mémoire une dévotion singulière : commence le culte de Marat. Le sens en est clair : c'est un *nouveau Christ*.

D anton caricaturé par David. L'an II est marqué par la lutte des factions, où triomphe Robespierre : après les Enragés et les Hébertistes, Danton chute avec les Indulgents, en avril 1794.

Le militant de la Terreur

Le 14 septembre 1793, David entre au Comité de Sûreté Générale. Créé par la Convention un an plus tôt, vite accaparé par les Montagnards, c'est l'organe policier de la Terreur. Ses douze membres, qui ne changeront plus jusqu'au 9 Thermidor, sont les douze apôtres d'un jacobinisme pur et dur, qui s'offusquera même de la dictature croissante d'un Robespierre. Ce ne fut pas le cas de David. L'artiste est considéré comme un *fidèle* de l'Incorruptible. Il le restera jusqu'au 8 thermidor, malgré ses sympathies maratistes. Son élection au Comité marque, en tout cas, l'apogée de sa carrière politique. Régicide sans remords en janvier 1793, adversaire sans faille des Girondins en mai, président des Jacobins en juin, il accède en janvier 1794, honneur suprême, à la présidence (éphémère) de la Convention. Mais le rôle politique de David reste limité. Il intervient peu dans les débats, et se borne aux questions artistiques – Académie, Museum, fêtes, monuments civiques, jury

des arts et encouragements aux artistes. Le peintre est alors le rapporteur du Comité d'Instruction Publique, où son labeur est intense, et son crédit notoire. Au Comité de Sûreté Générale, David *signe*, avec ses collègues, les mandats d'arrêt qui envoient les suspects au Tribunal révolutionnaire, c'est-à-dire le plus souvent à l'échafaud.

Marie-Antoinette avant l'échafaud, le 16 octobre 1793. Le dessin le plus célèbre de David, qui n'aimait pas la reine, a fait couler beaucoup d'encre douteuse.

La propagande royaliste a fait de ce paraphe la preuve éclatante que l'artiste n'était qu'un «terroriste féroce». D'où les poncifs tenaces d'une historiographie sélective. Mais la signature de David n'est pas le caprice cruel d'un tyranneau sanguinaire qui s'acharnerait à la perte de ses rivaux. C'est un acte légal de solidarité requis par ses fonctions. Et ses idéaux : ceux de la Terreur.

Barra ou l'«enfant héroïque»

«J'implore ta justice, citoyen ministre, et celle de la Convention pour la famille de Joseph Barra. Trop jeune pour rentrer dans les troupes de la République, mais brûlant de la servir, cet enfant m'a accompagné depuis l'année dernière, monté et équipé en hussard ; toute l'armée a vu avec étonnement un enfant de treize ans affronter tous les dangers, charger toujours à la tête de la cavalerie... Ce généreux enfant, entouré hier par

les brigands, a mieux aimé périr que de se
rendre et leur livrer deux chevaux qu'il
conduisait.» Le 8 décembre 1793, le général
Desmares, qui commande l'une des armées
républicaines de Vendée, adresse de Cholet
cette supplique à la Convention, laquelle
accorde sur-le-champ la pension demandée.

L'histoire et la propagande

Mais l'affaire ne s'arrête pas là. Robespierre
lui-même s'en saisit. En pleine guerre
vendéenne, au moment où la Convention
lance contre les «brigands» les «colonnes infernales»
de Turreau, l'héroïsme de Barra donne à la cause
républicaine un martyr rédempteur qui pare ce bain
de sang des vertus de l'enfance. Le 28 décembre,
Robespierre demande pour Barra les honneurs du
Panthéon. Et propose la version officielle de la mort
du héros : «Entouré de brigands, qui, d'un côté lui
présentaient la mort et de l'autre lui demandaient de
crier : "Vive le Roi!", il est mort en criant : "Vive la
République!"» Cette version noble, fondée sur
l'antithèse patriotique, est efficace comme un slogan.
Elle n'a plus guère de rapport avec la vérité. Celle de
Desmares. L'histoire s'efface devant la propagande.

*L a Mort héroïque du
jeune Barra.* Cette
gravure anonyme est
sans doute la plus
exacte.

C'est à David que Robespierre confie la célébration
de Barra. «Ce sont de telles actions que j'aime à
retracer», enchérit le peintre avec gratitude. Et Barère
propose de diffuser, par la gravure, dans les écoles
primaires, l'œuvre de l'artiste. Elle doit servir
d'exemple aux jeunes patriotes. L'art est le prosélyte
de la vertu républicaine.

L'homme nouveau

A l'intention de David, le général Desmares adresse à
la Convention, dès janvier 1794, des précisions. «Je
crois que l'attitude où il devrait être est celle qu'il
avait lorsqu'il a reçu les derniers coups, c'est-à-dire à
pied, tenant ses deux chevaux par la bride, entouré de
brigands et répondant à celui qui s'était avancé pour
les lui faire rendre : "A toi, foutu brigand, les chevaux
du commandant et les miens! Ah bien oui!"» Mais
David répudie les contingences triviales du fait divers.

Pour donner à sa toile le statut abstrait de l'allégorie, il hausse l'anecdote au niveau de l'idée, mue l'histoire en catéchisme. Le hussard bravache devient sous son pinceau un éphèbe en pâmoison. Il ne tient plus les chevaux par la bride, mais serre contre son cœur la cocarde tricolore. Il n'affronte plus des «brigands» (Vendéens), dont on distingue à peine les silhouettes fuyardes, mais la mort même, sur un fond neutre où vibre la touche. Surtout, il est *nu* : Barra, pour mourir, a dépouillé la tunique du militaire comme un héros antique. Jamais David ne s'est montré plus hardi dans l'illustration de Winckelmann : tout concourt à *idéaliser* le modèle. Barra devient une créature de Rousseau, revue et corrigée par les Jacobins. Il incarne, dans toute sa pureté, l'homme *primitif :* l'homme d'avant la corruption sociale. L'homme nouveau.

B arra, nu, rend le dernier soupir en serrant sur son cœur la cocarde tricolore. On devine au loin l'étendard des «brigands» (Vendéens). La nudité du héros est-elle délibérée ? Les historiens ne croient plus à l'inachèvement du tableau. Sa facture large tient à sa fonction : un *ex-voto* de fête populaire. Mais celle-ci n'eut pas lieu : elle était fixée au... 10 Thermidor (28 juillet 1794). On en connaît le programme par le rapport de David à la Convention, le 11 juillet. La mort de Barra suit la version de Robespierre : c'est celle du tableau. «Ici, à treize ans, le jeune Barra, enfant héroïque, dont la main filiale, nourrissait sa mère, de toutes parts enveloppé des assassins de l'humanité, accablé par le nombre, tombait vivant dans leurs féroces mains.» Ainsi se mêlent, avec une rare éloquence, les grands thèmes de l'idéologie montagnarde, ce rousseauisme des patriotes : l'enfance innocente et l'héroïsme juvénile, l'amour filial et les vertus humanitaires, la fierté plébéienne et la haine du privilège.

« **I**l ne me reste plus qu'à boire la ciguë», s'écrie Robespierre, le 8 thermidor, devant l'hostilité de la Convention. Et David, solidaire : «Je la boirai avec toi.» Le soir, aux Jacobins, le peintre du «Socrate» répète son propos. Grave : il servira contre lui de chef d'accusation.

CHAPITRE V
LE «GREC PUR»

«**J**e veux faire du grec pur. Je me nourris les yeux de statues antiques à l'intention même d'en imiter quelques-unes», affirme David à ses élèves tandis qu'il travaille aux *Sabines*.

La ciguë de thermidor

Charlier : «Nommez ceux que vous accusez !» Amar : «Qu'il nomme !... L'intérêt public ne comporte aucun ménagement.» Le 8 thermidor an II (26 juillet 1794), Robespierre accuse les comités de conspirer contre la Révolution. On le presse de *nommer* les traîtres. Il s'y refuse. Ne nommer personne, c'est accuser tout le monde. Le silence de l'orateur scelle la coalition de ses ennemis. L'affrontement est ouvert. «Il faut arracher le masque», exige Billaud-Varenne. Robespierre, qui se sent perdu, pressent le destin de Socrate. D'où le mot de David.

Mais le lendemain, quand la Convention houleuse, menée par Tallien, Barère, Collot d'Herbois, couvre la voix de l'Incorruptible et le décrète d'arrestation, David est absent. Autre grief de ses accusateurs : on y verra une preuve de lâcheté. Le peintre alléguera la maladie. «J'étais malade depuis huit jours, […] et le 9, je pris de l'émétique qui me fit beaucoup souffrir, me força de rester chez moi toute la journée et toute la nuit.» Cette maladie providentielle soustrait David à la proscription des robespierristes.

Mais on ne l'absout pas pour autant. Le 13 thermidor (31 juillet), l'artiste est à la tribune de la Convention pour se défendre. «Du front pâle de l'accusé s'échappaient de grosses gouttes de sueur qui allaient tomber presque sur le parquet», si l'on en croit Delécluze, son élève et biographe, témoin de la scène. Le 15 thermidor (2 août), David est arrêté. Mais l'orage est passé. Robespierre, Saint-Just et les leurs ont déjà gravi l'échafaud.

« Le jour n'est pas plus pur que le fond de mon cœur», écrit David, citant Racine, en septembre 1794, six semaines après Thermidor. «On ne peut me reprocher qu'une exaltation d'idées qui m'a fait illusion sur le caractère d'un homme que beaucoup de mes collègues plus éclairés que moi regardaient comme la boussole du patriotisme...» David a-t-il cru à la trahison de Robespierre, alléguée par les Thermidoriens ? On peut en douter.

La solitude d'Homère

Sur les marches de sa prison, l'ex-hôtel des Fermes Générales, rue de Grenelle-Saint-Honoré, près du Louvre, David croise les détenus girondins, ses anciens collègues, qu'on libère, et qui «le saluaient avec dérision». L'artiste aurait soupiré, philosophe, de ces jeux du destin : «Quelle fatalité!... ce que c'est qu'une Révolution!» Sa cellule est l'ancien atelier d'un de ses élèves. Il s'y fait aussitôt porter de quoi peindre. Et se prend lui-même pour modèle.

David en prison peint David dans un miroir de fortune. Houppelande d'époque, cravate négligente, cheveux libres : l'*Autoportrait* du Louvre montre l'artiste, aux allures bohèmes, sa palette à la main, et non plus le notable, aux atours soignés, comme celui des Offices. Le regard perdu donne aux traits encore juvéniles – où pointe le défaut notoire de la joue, qui gêne son élocution – un tour méditatif. David a quarante-six ans. Il est en prison, menacé de mort, accablé d'ennemis, divorcé. Seul. Pire : il a perdu ses illusions politiques.

David, de sa prison du Luxembourg : «Je jouissais dans la maison des Fermes de la faculté de communiquer avec ma mère, mes enfants, et le petit nombre d'amis que l'adversité ne m'a pas ôtés, dont la plupart sont mes élèves; tout à coup j'ai été transféré ici où je ne peux voir personne.» «Je suis dans un abandon total... Je gémis seul.»

Après Thermidor commence une autre Révolution, qui n'est plus celle du 10 Août. Un autre David, qui a perdu sa foi dans les idéaux des Lumières. Le souffle de ses toiles s'éteint dans la nuit de Thermidor, entre la coupe de ciguë et le flacon d'émétique.

Il était prophète. Il sera peintre.

Mais sa peinture ne refait plus le monde : ce n'est que de l'art. Un art sans message. Avec la fin de la

Révolution, que les Thermidoriens programment ouvertement, David n'a plus grand-chose à dire. Voici bien la pire des solitudes. Celle des idées. C'est la solitude d'Homère...

De fait, c'est Homère qu'il projette de peindre, dans la prison du Luxembourg, où il est transféré en septembre 1794. Le projet, qu'attestent deux dessins, l'enthousiasme. En vain. Faute de moyens. «Cette idée m'enflamme et l'on me retient dans les fers.» David ne cesse de revendiquer sa liberté. Il a des appuis solides, Boissy d'Anglas, Merlin de Douai, ses élèves même. Mais aussi des adversaires acharnés. Sa défense est simple : il plaide l'erreur. Robespierre l'a trompé. Comme toute la Convention. David n'a pas deviné, sous les «apparences du patriotisme», ses «vues secrètes» et ses «desseins funestes». Entendons : la dictature et la trahison. Le robespierriste se fait thermidorien. Opportuniste ou cynique, habile mais sans grandeur, cette stratégie du reniement est payante. La Convention libère l'artiste

Homère récitant ses vers aux Grecs, qui le gratifient de leurs dons. Cet étrange dessin, dont l'architecture s'inspire vaguement du Luxembourg, où David est en prison, joue par exception des ressources du lavis. David : «Je m'ennuie actuellement parce que mon sujet d'Homère est totalement composé. Je brûle de le mettre sur la toile, parce que je sens intérieurement qu'il fera faire un pas de plus à l'art. On m'empêche de retourner à mon atelier dont hélas ! je n'aurais jamais dû sortir.»

le 28 décembre, sur un non-lieu.

Liberté provisoire. Le peintre se retire à Saint-Ouen (Seine-et-Marne), dans la propriété de son beau-frère Sériziat, magistrat, qui dirige sa défense : «retraite champêtre», familiale – il s'est réconcilié avec son épouse –, et studieuse – il entreprend le portrait de ses hôtes. La double effigie des Sériziat, qu'il présente au Salon de 1795, où la critique l'acclame, est un hymne aux valeurs de la nouvelle *sensibilité* (couple, maternité, nature), une apologie éclatante de la bourgeoisie thermidorienne. Mais la politique reprend ses droits.

En mars et en mai 1795, la Convention réprime durement les soulèvements de la faim : ce sont les émeutes de Germinal et de Prairial. Elle en profite pour liquider les derniers Montagnards. David, que

Le couple Sériziat, double portrait du Salon de 1795. «Je n'ai pas encore perdu mon talent», proclame David. Avec raison.

Deux portraits proches : deux ambassadeurs de la République batave, Blauw (à gauche), Meyer (à droite).

ses ennemis harcèlent, est incarcéré le 28 mai au collège des Quatre-Nations, où il a fait sa rhétorique. «Il sera bienheureux s'il arrive à sauver sa tête», avait prédit un observateur étranger. Le balancier politique est sa meilleure protection. Les Thermidoriens s'inquiètent des menées royalistes, qui aboutissent le 13 vendémiaire (6 octobre) à la canonnade de Saint-Roch. David, remis depuis août en liberté surveillée, est amnistié le 26 octobre. Le jour même où Bonaparte est fait général en chef des armées de l'intérieur.

Le «Raphaël des sans-culottes»

«J'ai entrepris de faire une chose toute nouvelle. [...] Je veux ramener l'art aux principes que l'on suivait chez les Grecs.» C'est ainsi que David présente à ses élèves le projet des *Sabines*. Dans sa prison du Luxembourg, il avait délaissé Homère pour Plutarque. La romaine Hersilie s'interpose entre Romulus et Tatius pour suspendre le combat des Sabins contre Rome, après le rapt de leurs femmes.

Sujet de circonstance. David peint, souligne un critique, une «suspension d'armes» : la fin d'une guerre fratricide. Le tableau fait l'éloge de la paix civile et de la réconciliation nationale. Ce propos consensuel est dans le droit fil de l'idéologie du Directoire. Mais en quoi consiste son hellénisme ? Il se résume à ces trois caractères : pureté du dessin, qui allie Raphaël aux vases grecs ; clarté de la palette, qui renforce la frise en répudiant les ombres, à l'exemple des fresques ; et nudité des héros, qui applique Winckelmann à la lettre. Comme le *Barra*. Mais à grande échelle. David avait commencé par vêtir ses personnages du costume de rigueur. Mais il répudie la «facilité» des draperies. Au nom de l'antique. «C'était un usage reçu parmi les peintres, les statuaires et les poètes de l'Antiquité, de représenter nus les dieux, les héros, et généralement les hommes qu'ils voulaient illustrer.» Le tableau est un effort «théorique» de première grandeur, il vise au «grec pur». Mal compris. Car les exemples qu'invoque David sont plastiques, et non picturaux : marbres, reliefs, médailles. En conformant la peinture à la statuaire, il la fige dans la froideur sculpturale du ciseau. Non sans dogmatisme : c'est un idéal d'antiquaire. Mais l'artiste a beau se justifier à coup d'érudition, la nudité des figures fait «scandale». Par son invraisemblance : ces guerriers sans armure frisent le ridicule. Par son indécence surtout : même la société du Directoire, qui n'est pas réputée pour être puritaine, s'effarouche de cette audace vestimentaire. La critique, fût-elle anticolâtre, exprime ses réticences. La presse, le théâtre multiplient les brocards.

❝ Mon intention... était de peindre les mœurs antiques avec une telle exactitude que les Grecs et les Romains, en voyant mon ouvrage, ne m'eussent pas trouvé étranger à leurs coutumes.❞ Les *Sabines* jouent de la nudité idéale. Mais aussi de l'expression. Sensibilité, voire fraternité : «les sentiments de l'amour conjugal, paternel et fraternel. **❞**

L'originalité des *Sabines* tient aussi à son mode d'exposition : payant. David présente la toile dans la grande salle de l'ancienne Académie d'architecture au Louvre. Le droit d'entrée (1,80 F), qui est en France inédit, lui vaut des critiques. Mais il se défend de toute cupidité. Son seul but est la liberté de l'artiste : «la noble indépendance du génie». La recette s'avère substantielle : 65 000 F, ce qui permet à David... d'acheter une ferme. Elle correspond à un public de 36 000 visiteurs. Deux fois l'audience du Salon. Il est vrai que l'exposition dura cinq ans, depuis le 21 décembre 1799. L'art change autour de 1800. Avec des tendances contradictoires : renier le classicisme, ou le purifier. Au nom d'un même idéal : «primitif». Rome hésite entre Carstens et les Nazaréens, entre Thorvaldsen et Canova. L'Europe, entre Ossian et Homère. A Paris, dans l'atelier même de David, au Louvre, la secte éphémère des Méditateurs ou Barbus, quête avidement l'impossible pureté d'une Grèce imaginaire. Mais ce n'est plus David que ces idées appellent, c'est le romantisme...

« Un jour de l'hiver 1797, Bonaparte se rend dans l'atelier de David au Louvre. Le général, tout auréolé de ses lauriers d'Italie, pose avec impatience pour un portrait. "Oh ! mes amis quelle belle tête il a !", confie David à ses élèves. "C'est pur, c'est grand, c'est beau comme l'antique !... Bonaparte est mon héros." »

CHAPITRE VI
LE PEINTRE DE L'EMPEREUR

Le Bonaparte de David n'est pas celui de Gros : le héros d'Arcole. Mais un général maussade qui regarde avec inquiétude derrière lui. David devait le peindre avec le traité de Campo-Formio, son Etat-Major et son cheval, au pied des Alpes : apologie du triomphateur. Une étude fameuse pour le *Sacre* (à droite) montre le chemin parcouru : Napoléon s'y couronne lui-même. L'arrogance du geste induira l'artiste à en changer.

Un héros moderne

Comment le jacobin farouche de l'an II, qui vitupère la dictature, en vient-il à vanter le soldat autoritaire de l'an VI, aux menées douteuses ? Cynisme ? Inconséquence ? On prendra garde aux pièges de l'anachronisme facile.

Bonaparte est pour l'heure le général *républicain* qui a nettoyé Paris de ses royalistes grâce à Augereau, le 18 fructidor an V (4 septembre 1797), comme il les avait naguère mitraillés devant Saint-Roch. La plupart des révolutionnaires, Barras en tête, croient encore à sa loyauté. Sa visite à David, que narrait Delécluze, montre bien ce que le peintre croit trouver en lui : le souffle épique de la gloire militaire. C'est un héros de l'Antiquité. En costume moderne.

Tout change avec le coup d'Etat du 18 brumaire (9 novembre 1799) : l'ambitieux tombe le masque et liquide le Directoire, vestige de la Révolution. Quelle est la réaction de David ? Une boutade amère : «J'avais toujours bien pensé que nous n'étions pas assez vertueux pour être républicains.» La politique ne suscite plus en lui qu'un stoïcisme désenchanté. «La victoire plaît aux Dieux, dit-il citant Plutarque, mais la défaite à Caton.» *Sed victa Catoni.* Habile, en

Image d'Epinal du militarisme, vignette obligée des manuels scolaires, l'effigie équestre de Bonaparte au Grand-Saint-Bernard fut pour David un *best-seller* : avec ses élèves, il n'en peignit pas moins de cinq exemplaires, dont il exposa deux, près des *Sabines*, au Louvre (1801). Le tableau commémore l'épisode fameux du passage des Alpes, en mai 1800, par l'armée d'Italie. David prit son sujet très au sérieux. Il se fit même apporter l'uniforme du Consul à Marengo. «C'est une de ses productions auxquelles il attachait le plus d'importance». Tout y concourt à l'épopée. Hauteurs neigeuses et ciel d'orage, souffle du vent, cheval qui se cabre : le général montait en fait un... mulet, comme l'a peint Delaroche (1848).

BONAPARTE

HANNIBAL

quête d'un chantre officiel, Bonaparte n'a cessé de
flatter l'artiste. Il lui offre sa protection dès l'été
1797. Il l'invite, un an plus tard, à le suivre en
Egypte. A peine fait Premier Consul, il va voir les
Sabines au Louvre. Le 7 février 1800, il nomme
David Peintre du Gouvernement. Mais l'artiste
refuse. Le titre lui paraît-il trop maigre ? C'est
probable. Un élève l'a suggéré dans une
lettre d'époque : «Je pense qu'il s'est

Bonaparte se
détourne vers le
spectateur pour lui
montrer du doigt le
chemin de l'avenir. Sur
la roche, les noms des
conquérants : Hannibal,
Charlemagne, ... et le
sien. C'est ce qu'on
appelle forger un destin.

piqué. Cette dénomination est insignifiante ; il aurait voulu être déclaré ministre des Arts, premier peintre de France, surintendant des Bâtiments, etc., ou plutôt, sous quelque titre que ce soit, avoir une influence suprême.» Il se peut aussi que les leçons de l'expérience aient modéré son goût du pouvoir.

Mais David collabore activement aux projets édilitaires du Premier consul. Surtout, *il le peint*. La visite de Bonaparte devait produire un grand portrait à la gloire du triomphateur de Campo-Formio. Ne témoigne du projet, qui fut abandonné, que l'effigie du Louvre, à l'expression ténébreuse.

Après l'Egypte, au retour de Marengo, David exécute, en 1801, un autre portrait qui s'élève en fait au genre historique : le héros, «calme sur un cheval fougueux», désigne prophétiquement l'avenir, sur fond d'Alpes neigeuses, que son armée franchit, comme celle d'Hannibal. Dans son manteau s'engouffre le grand vent de l'Histoire. L'Antiquité s'efface : la légende napoléonienne fait de David un peintre de la *modernité*.

Le Sacre : la cérémonie des onctions. Le Pape oint l'Empereur. La gravure de Delvaux restitue le décor fastueux de Percier et Fontaine.

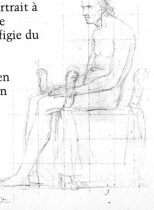

«Sacre et massacre»

Paris, 2 décembre 1804. Dans le chœur de Notre-Dame, décoré à grands frais par les architectes de l'Empire, Percier et Fontaine, avec le peintre Isabey, Napoléon reprend à son compte le vieux rite monarchique du Sacre. Non sans variantes personnelles : l'Empereur se couronne lui-même, avant de couronner Joséphine, sous l'œil censeur d'un pontife impuissant. Ce geste médité rompt avec la tradition théocratique de ses prédécesseurs. Napoléon du reste ne renoue qu'avec... Charlemagne. La cérémonie, d'un faste insolent, dure des heures. La cathédrale est peuplée des nombreux dignitaires du régime qui s'est créé une Cour, en toute hâte, à coup de titres emphatiques. Ils paradent, avec leurs atours chamarrés, dans un ordre protocolaire qui est vétilleux.

Ces pompes funèbres de la Révolution marquent aussi l'avènement de ses fils renégats : une élite de parvenus, avides d'or et d'honneurs. David a pris place dans une tribune du chœur. L'ex-jacobin observe. Et prend des notes. Avec ironie.

Car il est déjà pressenti pour peindre quatre toiles de très grand format illustrant les cérémonies du Couronnement : le *Sacre*, l'*Intronisation*, la *Distribution des aigles*, l'*Arrivée à l'Hôtel-de-Ville*. Dès juin 1805, l'artiste en a fixé le programme iconographique. Mais dès le mois de février, il avait commencé d'en étudier les acteurs. Par le pape : le réalisme aigu de l'effigie, hantée des grands modèles (Raphaël, les Nordiques), donne le ton. Le *Sacre* est une prodigieuse galerie de portraits, d'une acuité singulière, souvent grimaçants, parfois patibulaires, d'où l'intention critique n'est pas exclue.

Le régime s'efforce d'en faire une œuvre de propagande.

«Je ne l'ai pas fait venir de si loin pour qu'il ne fasse rien», aurait dit l'Empereur, cynique, de l'attitude du Pape dans le *Sacre*, qu'illustre (à gauche) une étude justement célèbre : David lui fit faire le geste conciliant de la bénédiction. Mais l'artiste lui a conservé l'expression méditative de résignation critique qui le caractérise dans le tableau et dans une répétition présumée (ci-dessus), quoique implicitement datée de ...1803. Pie VII (1740-1823), que David a portraituré par ailleurs avec bienveillance, n'a pas de sympathies pour le régime. Mais les persécutions sont encore à venir.

Entre Goya et Balzac

« Ce n'est pas de la peinture, on marche dans ce tableau», dira Napoléon du *Sacre*, en 1808, pour en souligner le réalisme. L'Empereur s'apprête à poser la couronne sur la tête de Joséphine, sous le regard satisfait de la nouvelle Cour. David l'avait d'abord montré se couronnant lui-même : geste réel, mais provocant. Au fond, Madame Mère trône dans la tribune d'honneur, quoiqu'elle fût à Rome, ayant boudé la fête. A ses pieds, les maréchaux empanachés, Murat en tête. A gauche, les princesses, sœurs et belles-sœurs de Napoléon. Au premier plan, les dignitaires politiques : Lebrun, avec le sceptre, Cambacérès, avec la main de justice, Berthier, avec le globe, Talleyrand, avec lui-même. Ces figures endimanchées tournent à la satire. Qu'on observe, au-dessus de Laetizia, matrone béate, les faciès vides de la tribune, et c'est un peu l'univers de Goya. Qu'on examine les notables divers qui se pressent contre l'autel, le visage empreint d'une fatuité discrète, et c'est déjà le monde de Balzac. Peu de peintres ont su comme ici faire sentir qu'une tête suffit à résumer un destin.

Les *Horaces* du contingent

David : «La distribution des aigles à l'armée et aux gardes nationales de l'Empire. Le lieu de la scène est dans le Champ de Mars, couvert de députations qui représentent la France et l'armée. Les aigles portées par les présidents des collèges électoraux pour les départements et par les colonels pour les corps de l'armée, sont rangés sur les degrés du trône. Au signal donné, toutes les colonnes se mettent en mouvement, se serrent et s'approchent du trône. Alors, se levant, l'Empereur prononce : «Soldats, voilà vos drapeaux, ces aigles vous serviront toujours de point de ralliement...Vous jurez de sacrifier votre vie pour les défendre... Nous le jurons» Jamais serment ne fut mieux observé : que d'attitudes différentes! que d'expressions variées!... Quels hommes! Quel Empereur!» La *Distribution des Aigles*, le 5 décembre 1805, troisième tableau de la série du Couronnement – le seul, avec le *Sacre*, que David ait peint – (1810), est la version militariste des *Horaces*, dont il reprend le geste du serment. Mais l'idéologie critique a disparu : elle fait place à l'apologie du régime.

L'Empereur honore de sa visite le tableau terminé, en janvier 1808. David a laissé un compte rendu flatteur de l'admiration impériale. Peut-être se justifie-t-il de ses prétentions financières (100 000 francs la toile) qui lui valent des démêlés durables avec une administration économe : l'argent est pour David un signe de reconnaissance, un tribut à son talent. L'Empereur exige en tout cas des modifications.

L'œuvre définitive est exposée dans le grand salon du Louvre, début 1808, pour un temps illimité. La critique est loin d'être unanime. Des commentaires acerbes incriminent le régime à travers l'ouvrage. En face du *Sacre* est, au Salon de 1808, exposée la *Bataille d'Eylau*, chef-d'œuvre de Gros : version dramatique de l'Empire militaire, avec son tapis de neige sale jonché de cadavres.

Le romantisme funèbre de Gros s'oppose en tout point au réalisme glacé de David. Mais les deux tableaux ont leur charge corrosive.

Un visiteur de marque résume avec esprit, parlant de Napoléon, ce mélange de l'art et de la politique : «Sacre et massacre, le voilà bien en deux tomes.»

L'*arrivée de l'Empereur à l'Hôtel de Ville* : ce dessin très fini pour l'un des quatre tableaux de la série du Couronnement nous livre la composition de David (1805), qui fit préparer la toile, mais ne la peignit pas. L'artiste lui-même a décrit l'épisode, consacré au «peuple», dont «c'est le premier acte d'obéissance au souverain» : la remise des clefs de la ville au gouverneur de Paris. «Déjà l'Empereur a franchi les degrés de l'hôtel, lorsque des citoyens de toutes les classes pressés par la reconnaissance se précipitent aux pieds de sa Majesté…»

L'ombre de Le Brun

Premier Peintre de l'Empereur, David ne fut jamais auprès de Napoléon ce que fut Le Brun auprès de Louis XIV : le dictateur des arts. Il a tenté de l'être.

Dès sa nomination (1804), il rappelle à l'Empereur les prérogatives de son titre. Mais il y a trop d'opposants à son pouvoir : Denon, le directeur des Beaux-Arts, jaloux de ses prérogatives ; l'Institut, qu'il a intégré dès sa création (1796), mais qui redoute sa férule et critique ses ouvrages ; l'opinion, dont la fraction royaliste le poursuit de sa haine, souvent publique, toujours calomnieuse.

Riche, comblé d'honneurs, David, sexagénaire, mène une vie sobre, vouée au labeur. Il habite avec les siens l'ex-hôtel de la Rochefoucauld, rue de Seine, puis

Napoléon à Eylau : l'immense toile de Gros, vision noire du romantisme napoléonien, faisait face au tableau du *Sacre* au Salon de 1808.

une maison près du Luxembourg, où ne fréquentent que les intimes, notables vieillissants des arts : le sculpteur Moitte, l'antiquaire Emeric-David, le tragédien Talma, les poètes Ducis et Lebrun-Pindare, le créateur du musée des Monuments Français, Alexandre Lenoir, qu'il portraiture, le numismate Mongez, directeur de la Monnaie, qu'il a peint, avec sa femme, sur le mode saisissant des artistes gothiques. Mais la grande consolation du peintre, c'est son atelier, désormais établi dans le collège des Quatre-Nations. Une jeunesse turbulente et cosmopolite vient y recevoir un enseignement libre et personnel, qui reste rebelle aux normes académiques.

David leur sert généreusement de mentor et de protecteur. D'Ingres à Léopold Robert, et d'Isabey à Granet, cette officine fraternelle est le grand atelier de l'Europe.

S ous l'Empire, David multiplie les portraits. En 1812, il peint l'Empereur dans son cabinet de travail. La pendule flagorneuse suggère l'intensité du labeur nocturne.

L'Antiquité mondaine

David : «Madame, les dames ont leurs caprices ; les artistes en ont aussi. Permettez que je satisfasse le mien : je garderai votre portrait dans l'état où il se trouve.» Ce mot froid de septembre 1800 mettait fin à l'exécution du plus singulier de ses portraits : celui de

D ouble portrait, dans le goût de la Renaissance du Nord (1812) : Antoine Mongez numismate réputé et son épouse. (ci-dessus), Alexandre Lenoir (1761-1839), le créateur du musée des Monuments français.

Madame Récamier, même si David songe un temps à le reprendre, pour en faire un chef-d'œuvre.

Les causes de cet abandon semblent multiples : la coquetterie du modèle, la lenteur de l'artiste, et la concurrence d'un rival, qui fut son élève : Gérard.

Mais il y a plus. L'inachèvement est devenu une esthétique. David en a fait l'expérience sous la Révolution. Le portraitiste minutieux des notables de l'Ancien Régime, comme Desmaisons ou Lavoisier, d'un réalisme virtuose, a cédé la place au psychologue subtil des effigies intimes, comme Madame de Pastoret ou Madame Chalgrin, sur fond moucheté de taches vibratiles. L'effet de psychologie se substitue, non sans exceptions (Blauw, Meyer), à l'effet de réel. C'est un paradoxe.

De tous les modèles du peintre, Juliette Récamier se prêtait le mieux à la sociologie critique : elle est la

Napoléon ayant expulsé les artistes du Louvre pour rendre le musée à son usage officiel, David s'installe en 1811 dans l'atelier du sculpteur Moitte au Collège des Quatre-Nations (l'actuel Institut). L'atelier de David est, sous l'Empire, le haut lieu de la jeunesse artiste qui vient, de toute l'Europe, s'y former : on a dénombré plus de 300 élèves du peintre. Le tableau de Cochereau (1814) rend l'atmosphère libre et studieuse des séances de pose.

reine incontestée d'une société de parvenus, le symbole même de l'ascension sociale. Fille d'un notaire promu conseiller de Louis XVI, elle a convolé en pleine Terreur avec un banquier de Lyon, Jacques Récamier, qui a su faire son profit des ventes révolutionnaires et des tripots du Directoire. L'heureux spéculateur s'installe en 1798 dans un hôtel fastueux de la Chaussée d'Antin (le quartier à la mode), décoré par Percier, meublé par Jacob. Mieux : financier sans scrupules, Récamier s'associe à la *camarilla* qui fomente le coup d'Etat de Brumaire, en lui prêtant sa maison de campagne, près de Bagatelle, et en organisant le financement du nouveau régime.

Juliette Récamier à vingt trois ans. David, insatisfait de son œuvre, a souhaité l'achever dans un autre atelier. En vain. L'artiste a senti l'atmosphère étrange du tableau : la distance du modèle. «J'étais trop éloigné de vos traits, ce qui m'obligeait, ou de les deviner, ou d'en imaginer qui ne valaient pas les vôtres», lui écrit-il plaisamment en septembre 1800.

Hôtesse émérite, célèbre pour sa beauté, recherchée des artistes, Juliette Récamier incarne les idéaux policés d'un monde sans origines, et qui tente par surcroît de les maquiller. David la peint *par antiphrase* : sans décor, sans apprêt, sans fard. L'arabesque du corps, celle de la méridienne, une draperie diaphane, un candélabre longiligne, et c'est tout. Cette Antiquité de convenance, idiome éthéré, vulgate mondaine à l'usage des élites, que l'artiste appliquait déjà à la beauté massive de Madame de Verninac, épouse de préfet, sœur d'Eugène Delacroix, qui n'aimait guère le portrait, prend ici des allures spartiates. Elle concourt à la froideur glaciale de l'effigie, qui rend justice à la frigidité notoire du modèle, autant qu'à l'esthétique de la statuaire.

Car le personnage principal du tableau, c'est l'*espace*. Un espace nu, comme un diagnostic : hauteur, distance, secret, mystère, tout l'abîme d'une psychologie s'y révèle.

L'Antiquité galante

Las sans doute de célébrer les fastes frelatés d'un Empire autoritaire, David, vers 1809, renoue avec l'Antiquité gracieuse : il se fait Anacréon. Pour un grand aristocrate : le prince Youssoupoff. Mécène et collectionneur inlassable, Nicolas Youssoupoff est un amateur fervent d'art français, qui plus est d'art moderne : il achète ou commandite, lors d'un séjour à Paris (1808-1811), les peintres en vogue, Prud'hon,

Un beau marbre antique : de Mme de Verninac, David fait un élégant pastiche des matrones romaines. Delacroix, dans son *Journal*, en a blâmé «la froideur» : le «beau tout fait» des statues de plâtre. L'œuvre fit école : Gérard peint Mme Récamier à son exemple (1805 ; en haut). La profondeur en moins.

Vingt ans après, *Sapho et Phaon* paraît l'antithèse du *Pâris et Hélène* : entretemps le peintre, jadis censeur d'une société libertine, s'est rallié aux goûts suaves de la nouvelle classe dominante. Les œuvres de Sapho sont d'ailleurs associées à celles d'Anacréon, dont le nom résume la poétique alexandrine du badinage gracieux, où se dissout l'idéal classique. Il n'est pas sûr que David ait fort prisé son œuvre : il écrit en 1814 au prince Youssoupoff, le commanditaire, pour lui en demander «un petit croquis» : «je n'en ai à Paris aucune trace...»

Boilly, Guérin, qu'il accroche aux cimaises de son palais de Saint-Petersbourg ou de son château d'Arkhangelsk.

David lui peint une *Sapho* galante, que l'amour empêche de lire ses poèmes, abandonnant sa lyre à l'éphèbe Cupidon, et son visage rieur à son amant Phaon. L'historiographie s'est montrée peu amène pour un ouvrage mal connu, que la Russie a gardé. Il est vrai que son esthétique insistante répugne au goût moderne. Gestes de théâtre, mines appuyées, regards complaisants (vers le spectateur), rondeurs érotiques et symboles ostensibles – l'amant chasseur, le couple de colombes : David cumule, avec une rare maîtrise du pinceau, qui s'enrichit de couleurs audacieuses, tous les poncifs d'un genre, l'anacréontisme Empire.

Un genre qui *plaît*. Déjà, l'Europe s'est entichée des marbres suaves où se dévoie le ciseau facile d'un Canova, que rabrouent en pure perte des antiquaires pudibonds. Les contemporains eux-mêmes ont accusé David de perdre son âme en sacrifiant aux goûts douteux d'élites corrompues. Car cette Antiquité-là, équivoque et sucrée, n'est que la négation de l'antique : on y chercherait en vain ce qui faisait le brio du *Pâris et Hélène*, vingt ans plus tôt, l'érudition jubilatoire et l'ironie d'Homère.

David récidive, à la fin de l'Empire, sur un thème cher à l'époque : *Apelle et Campaspe*. Au peintre grec qui s'éprend de son modèle, Alexandre cède, magnanime, celle qui est sa maîtresse. On attendrait une méditation, teintée d'aveux, sur les rapports de l'artiste et du pouvoir. Or, le panneau, resté inachevé, a, malgré sa palette claire, quelque chose de lugubre : la scène tourne au voyeurisme. Les figures, qui n'ont plus rien du canon antique, se tassent. Et les accessoires saturent l'espace de leur beauté inerte. L'Antiquité n'est plus qu'un décor.

L'Antiquité dogmatique

Au printemps 1815, Napoléon visite l'atelier de David, dans l'église de Cluny. C'est une tout autre visite que les précédentes, celle de Bonaparte pour poser son portrait (1797), celle de l'Empereur pour admirer le

L'histoire d'Apelle et Campaspe, qui vient de Pline l'Ancien, met en scène les rapports de l'artiste et du prince : Alexandre abandonne sa maîtresse Campaspe au peintre Apelle, qui s'en est épris, à la voir poser. L'attitude même du monarque trahit l'amitié qu'il porte à l'artiste : cette alliance de l'art et du politique traduit sans doute l'idéal de David. Apelle est aussi, avec Zeuxis, le peintre emblématique de la Grèce classique : le tableau se veut une métaphore de la doctrine antique. David y ajoute l'éclat des couleurs et la quête du fini (peinture lisse sur bois).

Couronnement (1808) : l'exilé de l'île d'Elbe vient voir le *Léonidas*. Rien dans le tableau n'est propre à le satisfaire : on y voit des guerriers nus, contre toute vraisemblance, et bientôt vaincus, malgré leur héroïsme. Mais plus encore, *au repos*, qui précède la bataille. C'est là surtout ce qui surprend le visiteur, en quête d'un vrai combat, celui des Thermopyles, Spartiates contre Perses. Napoléon, selon Delécluze, «ne put jamais se faire à l'idée de David». Mais l'heure n'est plus aux débats esthétiques.

L'idée du *Léonidas* est ancienne : elle remonte aux *Sabines*, c'est-à-dire à la Révolution. C'en est d'ailleurs le «pendant» : le mot est de David lui-même. Le tableau grec parachève, au terme d'une genèse laborieuse, l'effort théorique du tableau romain. Le peintre y voit son apogée. «C'est mon meilleur ouvrage», répète-t-il à qui veut l'entendre, peut-être pour s'en persuader. Jamais sans doute peinture ne fut plus *grecque* dans sa lettre. Par le sujet, fameux, qui évoque la Grèce, et la Grèce classique, contre les Barbares. Par la nudité des figures, qui fait système sans restriction, puisqu'il n'y a pas de femme. Par la «grandeur calme» des attitudes, fidèle à Winckelmann. Par l'autonomie des personnages, inspirés des fresques pompéiennes. Par l'érudition des sources plastiques. Mais jamais peinture ne fut moins grecque dans son esprit. L'art de l'Hellade ne prohibe ni la convenance du costume, ni la violence de l'expression Napoléon, quoique médiocre esthète, avait vu juste. Le choix de l'épisode détermine tout. A son élève Delécluze, qui évoque le *moment* du combat, David rétorque un jour : «Moi, je veux donner à cette scène quelque chose de plus grave, de plus réfléchi, de plus religieux. [...] Je ne veux ni mouvement, ni expression passionnés.» Tel est bien le dilemme. En se privant de *mouvement* et de *passion*, David condamnait son

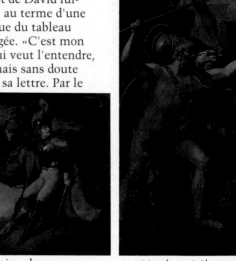

Géricault se révèle au Salon de 1812 avec son *Officier de chasseurs à cheval*, vision héroïque des boucheries napoléoniennes. Il récidive au Salon suivant (1814) avec le *Cuirassier blessé* (à gauche), moins applaudi, mais non moins expressif : la victoire a changé de camp.

œuvre à une rhétorique abstraite : une addition de dogmes esthétiques. Cette Antiquité formaliste faillit à son message : le patriotisme. «Je veux caractériser ce sentiment profond, grand et religieux, qu'inspire l'amour de la patrie». En 1814, c'est en France un sentiment d'actualité. Son meilleur chantre pourtant n'est pas David, mais Géricault : le jeune peintre marque le Salon de 1814 de son *Cuirassier blessé*, qui est tout de *passion* et de *mouvement*. Cette vision fougueuse de la modernité démode la vision calme de la Grèce antique. La véritable épopée n'est plus aux Thermopyles : elle est quelque part près de Waterloo.

Léonidas aux Thermopyles : le dernier vrai tableau d'histoire de David. Le héros, méditatif et sombre, est nu. A gauche, on grave sur la roche (en grec), les mots d'Hérodote. A droite, on s'étreint : les Spartiates sont prêts à mourir pour la Grèce. Un doctoral chant du cygne.

David à Gros, Bruxelles, 2 novembre 1819 : «Nous ne nous entendrons jamais, mon bon ami, tant que vous vous persuaderez qu'on ne peut être heureux qu'en France ; moi je suis bien fondé à penser le contraire. Depuis mon retour de Rome…, je n'ai jamais cessé d'y être persécuté, tourmenté dans mes travaux par tous les moyens les plus odieux, et si le ciel ne m'avait pas favorisé d'une certaine force de tête, j'aurais pu y succomber.»

CHAPITRE VII
L'EXILÉ DE BRUXELLES

La *Colère d'Achille* au moment où l'on conduit Iphigénie au sacrifice, devant Clytemnestre et Agamemnon. Sur ce thème racinien, David peint en 1819 un tableau grec d'un genre nouveau : la composition à mi-corps. Le resserrement des figures vise à l'expression. Non sans pesanteur.

Le 8 juillet 1815, Louis XVIII fait son entrée à Paris, qu'il avait fui sans gloire, cent huit jours plus tôt, par une nuit pluvieuse, devant l'exilé de l'île d'Elbe. La Restauration commence mal : ses parrains, Talleyrand et Fouché, sont douteux («le vice appuyé sur le crime», dira Chateaubriand), et ses partisans, sans mémoire, qui n'ont rien appris et rien oublié. Leur vengeance est immédiate : c'est la Terreur blanche. La Chambre introuvable, peuplée d'*ultras*, proscrit entre autres les régicides qui ont soutenu l'Empire.

Dont David. La Cour fait savoir au peintre qu'elle est prête à l'excepter de cette *amnistie* à rebours. Mais il refuse, avec dignité. L'ancien jacobin avait souscrit à l'Empire, qui préservait une part de la Révolution. Il ne peut admettre le retour des Bourbons, qui ramènent avec eux, dans les fourgons de l'étranger, les privilèges poudrés de l'Ancien Régime. Cette louable fidélité à des principes élémentaires le contraint à l'exil. Un lieu s'impose : Rome. Il rêve de s'y établir. Mais le Pape, les Alliés ne veulent rien entendre. Ce sera la Belgique, plus libérale, du roi Guillaume.

Le fantôme de la Convention

A Bruxelles, David, qui s'installe dans une maison noble du centre, près du théâtre de la Monnaie, n'est qu'un exilé parmi beaucoup d'autres : la ville héberge, sous haute surveillance, toute une colonie de réfugiés politiques. C'est la Convention ressuscitée. Vain fantôme. Le peintre les connaît bien, les portraiture parfois. Il y a là, parmi ses proches, Thibaudeau, l'inusable thermidorien, bonapartiste convaincu, Alquier, qui fut du Comité de Sûreté Générale, et Ramel, du Comité de Salut Public, que David peint tous deux, en ancien condisciple. Il y a surtout Barère, l'*Anacréon de la guillotine*; Cambon, le financier de la Terreur; Merlin de Douai, dit *Suspect*, à cause de sa loi la plus mémorable. Il y a enfin ces deux symboles vivants d'une histoire en abrégé : Cambacérès, robin d'Ancien Régime, pilier de Thermidor, juriste du Consulat, dignitaire de l'Empire; et Siéyès, le théoricien du Tiers-Etat, le roi du Directoire, l'apprenti sorcier du 18 Brumaire.

Deux portraits bruxellois de l'année 1816. Solennel : en pied, baroque, celui du général Gérard, bonapartiste en exil provisoire, à qui sourit encore une longue carrière. Intimiste : assis, dépouillé, celui de Siéyès. Le plus profond des portraits davidiens. Port digne et traits nobles, à soixante-neuf ans, l'âge

même de David, il n'arbore pour tout signe de sa splendeur passée qu'un manteau sombre aux plis onctueux d'homme d'église. Entre ses mains, les accessoires intimes, le mouchoir et la tabatière, semblent parodier, dérisoires vestiges, les signes du pouvoir. Surtout, il regarde. Et ce regard aigu comme un scalpel toise le spectateur de son ironie froide où passe la mémoire d'une époque. Siéyès finira fou.

La légende vivante

«Laissez-moi où je suis. Je ne demande rien. Je ne voulais que la tranquillité. Je l'éprouve, je suis content. Adieu, *ubi bene, ibi patria*», écrit David, en 1819, à un membre de l'Institut. «Où est le bien, là est la patrie.» L'artiste assume enfin son passé. Il se refuse à toute démarche pour solliciter son retour en France. Le gouvernement de la Restauration a, depuis 1816, multiplié les approches. Mais s'il consent à lui vendre, par personnes interposées, les *Sabines* et le *Léonidas*, en 1819, le peintre dédaigne, malgré son entourage, les offres de pardon.

A Bruxelles, David ne vit plus que pour son art, ses élèves, et le théâtre. Il peint sans relâche, dans son atelier de l'ancien Evêché. Jusqu'au bout. Quand sa main ne peut plus tenir le pinceau. «L'amour du travail, écrit Navez, était tel chez lui qu'on l'eût fait mourir si on lui avait ôté la palette de sa main.» Sa production ne se ralentit guère, vu les multiples portraits qu'il exécute. Il achève même, en 1822, la réplique du

Dans la fable d'*Amour et Psyché*, le papillon est le symbole de l'âme (*psyché*), que l'amour (Cupidon) éveille à la vie.

Sacre commencée sous l'Empire. Il est vrai qu'il a des collaborateurs. Autour du maître s'est formé un atelier de jeunes Flamands, qui étaient déjà ses élèves à Paris : peintres d'histoire, qui évoluent comme Navez vers la peinture de genre. Leur dévotion est filiale.

A Paris, c'est le baron Gros qui défend les intérêts de l'artiste et la doctrine de l'école : le chantre du romantisme napoléonien s'est fait le prosélyte de l'orthodoxie davidienne. Riche, propriétaire, David, qui gère de près sa fortune, avec sa femme (le couple a de longue date effacé les querelles de la Révolution), vend cher ses tableaux et négocie au mieux ses droits de gravure. Mais il vit sobrement, frayant peu, hors ses obligations artistiques : quelques intimes, les cénacles d'émigrés des cafés bruxellois, le théâtre surtout. Celui de la Monnaie lui a offert un fauteuil permanent. Il en use assidûment, en voisin passionné. Mais le théâtre est dans la salle : c'est là que viennent les curieux de passage, qui n'ont pas accès à son atelier, et qui observent ce personnage de légende comme on ferait d'une pièce de musée.

David a peint *Cupidon et Psyché* (à gauche) pour l'un des grands mécènes de son temps : le comte Sommariva, figure politique de l'Italie révolutionnaire, qui fut sous le Directoire l'éphémère Président de la République Cisalpine. Patricien fortuné, qui a vécu à Paris, dans la familiarité des artistes, Sommariva entasse dans sa villa du lac de Côme les œuvres des grands modernes, Canova en tête. On voit au fond du tableau l'un des rares paysages de David, inspiré de Poussin.

La nature et l'idéal

A Bruxelles, David cède à l'une des tentations les plus tenaces de son art : le réalisme flamand. Celui des Maniéristes de la Renaissance. Mais le réalisme est, comme on sait, l'antithèse de l'idéal : un crime contre les doctrines de Winckelmann, qui abhorre la trivialité des peintres nordiques. Ce n'est pas la nature brute que le nouveau classicisme recommande

d'imiter. Mais la «belle nature», ou «la nature idéale». Soit un choix de ses beautés éparses. De cette contradiction témoigne le premier tableau d'histoire que David peint à Bruxelles : *Cupidon et Psyché* (1817).

Sur un thème galant qui le hante depuis l'Empire, David rivalise avec Canova, le sculpteur italien. Mais ses procédés ne sont pas les mêmes. Loin de la grâce éthérée, languide, irréelle, des marbres canoviens, il donne à ses figures un tour réaliste qui surprend :

C'est pour un autre mécène, le comte de Schoenborn, aristocrate rhénan, que David peint en 1818 les *Adieux* de Télémaque, fils d'Ulysse, et de la nymphe Eucharis.

carnations rubicondes, formes triviales, attitudes familières. Cupidon sort du lit antique comme un jouvenceau à peine pubère qui aurait conquis sa première grisette. Et sa mimique complaisante semble prendre le spectateur à témoin de cette bonne fortune. Oubliées les subtilités de la fable : le papillon, symbole de l'âme, qui volette au-dessus des amants, ne suffit pas à douer leur étreinte des nuances morales de la métaphore. L'œuvre, sans doute, fait courir Bruxelles : David l'expose dans les salles du Musée royal, au profit d'hospices religieux. Mais Gros lui-même, admirateur fidèle, ne peut cacher ses réticences. Or, ce qu'il critique, c'est bien Cupidon, son «caractère un peu faunesque», «ses mains un peu brunes et surtout pas assez blaireautées». Bref : la *nature*.

Mars et les romantiques

«C'est mon dernier adieu à la peinture», écrit David à Gros, en octobre 1823. Le *Mars et Vénus*, qu'il achève, après deux ans de labeur, en 1824, est bien le testament du peintre : le dernier manifeste de l'Antiquité orthodoxe. Celle de l'Académie. Le dernier rempart contre l'offensive du romantisme. Déjà, au Salon de 1819, Géricault faisait scandale avec *le Radeau de la Méduse*, fait divers mué en épopée. Delacroix l'imite, au Salon de 1824, avec *les Massacres de Scio*, ce *Guernica* du romantisme : ou l'Orient, la couleur, le mouvement au service de la liberté des Grecs. La peinture désormais sera *moderne*, ou ne sera pas. Avec son Olympe nuageux aux déités charnelles, son temple irréel comme un décor de théâtre, sa panoplie d'accessoires au statut

« C'est le dernier tableau que je veux faire, mais je veux m'y surpasser. J'y mettrai la date de mes soixante-quinze ans et je ne veux plus ensuite toucher un pinceau», confie David à un journal belge, fin 1823. Le *Mars et Vénus* (à droite) montre une assemblée de dieux débonnaires dans un Olympe d'opéra aux couleurs éclatantes. Il ouvre la voie au néo-hellénisme de la mi-siècle. Delacroix préfère peindre les Grecs modernes, opprimés par les Turcs : *les Massacres de Scio* (1824 en bas), poème chatoyant de la cruauté, forgent la charte du romantisme.

symbolique, le *Mars et Vénus* illustre, d'une main virtuose, et nullement sénile, une Antiquité formaliste qui ne renvoie plus qu'à elle-même. L'Antiquité n'est plus un modèle, ni une morale, ni même une utopie : ce n'est qu'un style, à peine un fantasme, bientôt une scène de genre (voir Ingres). David s'éteint, en décembre 1825, par une mort très douce. Une tradition pieuse veut qu'il ait murmuré pour dernier mot le nom de Léonidas…

L e *Mars et Vénus* fut exposé à Paris en 1824. Avec succès : la recette approcha 15 000 francs. Mais la critique fut réservée. Thiers prononça l'oraison funèbre de David en dénonçant un «système… qui a besoin d'être réformé».

TÉMOIGNAGES
ET DOCUMENTS

« Son âme est grande et belle ;
s'il maniait la parole comme le pinceau,
il serait ensemble Cicéron et Brutus,
car il a l'âme vraiment romaine. »

Lettre de la femme d'un député
de la Convention nationale à son fils, 1793

David
par lui-même

On ne connaît de David, peintre peu expansif, dont l'art exclut la subjectivité, que deux textes majeurs où il se soit raconté. Ces deux « autobiographies », qui datent l'une de 1793, et l'autre d'après 1808, éclairent puissamment sa psychologie. Encore faut-il les lire d'un œil critique : David pèche souvent par omission, ou par erreur. Et plus encore, par illusion rétrospective...

Une enfance bourgeoise

J.-L. David naquit à Paris l'an 1750, de parents honnêtes et aisés ; du côté paternel ils faisaient le commerce et du côté maternel ils exerçaient les arts ; la famille de son père était depuis longtemps en bonne renommée pour le commerce des fers en gros et celle de sa mère appartenait à l'architecture, ses oncles l'exerçaient tous ; elle comptait aussi les peintres dont un, élève de Lebrun, l'aidait dans ses ouvrages ; Boucher le premier peintre du roi, était le cousin germain de sa grand'mère, et c'est à lui qu'il fut redevable des études qu'on lui fit faire au collège, par le regret qu'il avait lui-même, disait-il souvent, de ne les avoir pas faites.

Dès sa plus tendre enfance, David témoigna pour le dessin une passion exclusive, le dessin seul avait du charme pour lui, on lui faisait apprendre les premiers éléments d'instruction propres à cet âge que dans l'espérance qu'un de ses oncles ou cousins lui ferait un dessin, qu'il se mettait aussitôt à copier quand il avait le bonheur de l'obtenir.

Le Prix de Rome truqué de 1772

Je concourus quatre fois au grand Prix de Rome et je dois entrer à cet égard dans quelques détails qui pourront paraître intéressants. [...]

Mon second concours pourra devenir plus intéressant, il s'y mêle du tragique, le voici : j'étais piqué au jeu, aussi fais-je pour réussir des efforts extraordinaires, hélas trop inutiles, le moment n'était pas encore venu. Je devais apprendre de bonne heure à mes dépens à connaître l'injustice des hommes. Plein d'ardeur, j'écoute la lecture du sujet, c'était Diane et Apollon perçant de leurs flèches les enfants de Niobé. Aussitôt mon Ovide se retrace à mes yeux, je fais ma composition, le professeur y met son cachet. Rentré chez moi, je cours aux *Métamorphoses*, j'explique celle qui traite mon sujet, je commençais à m'applaudir de m'en être assez bien ressouvenu, je fais mon tableau. Ovide m'avait tellement monté la tête que tout ce que je faisais ne me satisfaisait pas complètement, je recommençais, sans penser que refaire sur de la peinture qui n'avait plus assez de temps pour sécher, la couleur nouvelle pourrait changer, c'est ce qui arriva dans les trois mois d'attente avant le jugement. Mais n'anticipons pas sur la suite, mon tableau paraît ; concurrents, maîtres, amis, chacun d'une voix unanime me donne le prix. On renferme mon tableau avec ceux de mes émules dans une salle fermée pour tout le monde, nous cédons nos ateliers, qu'on nomme loge, aux sculpteurs qui prétendent également, sur un autre sujet au Prix de Rome. Ils occupent les loges le même intervalle de temps, ensuite arrive l'exposition publique des tableaux et bas-reliefs, il se passe une quinzaine de jours, soit à les vernir, soit à les exposer et ensuite à les juger.

C'est alors que je m'aperçus combien mon tableau avait noirci, j'en ai dit la raison. Ceux qui l'avaient précédemment vu ne le reconnaissaient plus, ou du moins prirent ce prétexte pour m'éloigner. On prononce enfin. Jombert eut le prix, on fait remarquer que si l'autre est d'une couleur plus agréable on ne peut pas non plus repousser un tableau qui renferme des beautés qui sont plus de l'essence de la peinture historique, que le tableau offre plus de compositions le dessin d'expression, parties essentielles de l'art, qu'il faut donner un second

Pierre-Charles Jombert obtient en 1772 le Premier Prix de Rome pour cette version des *Niobides* encore puissamment tributaire du goût rocaille.

C'est à Lemonnier qu'échoit, pour ce tableau sur le thème des *Niobides*, le Second Prix de Rome de 1772. Non à David, qui s'en est plaint. Avec raison : sa version est bien supérieure.

premier prix, et ne pas séparer deux amis, car il faut dire que Jombert allait dans l'attente du jugement parler aux juges des avis que je lui avais donnés pour son tableau, et qu'il serait charmé que, s'il ne devait pas avoir le premier prix, que ce fut enfin son ami qui fut préféré.

On rappela cette amitié trop rare entre rivaux de gloire, on décida donc qu'il y aurait un second premier prix, ce qui arrivait assez fréquemment quand on n'avait pas jugé de donner de premier prix dans les années précédentes. Il s'en trouvait un en réserve, on va aux voix, M. Lemonnier l'emporte de beaucoup, au grand étonnement des jeunes artistes, mes amis et de toutes les écoles. C'est ici que la scène devait changer et que je projetai de ne plus m'exposer dorénavant à une nouvelle humiliation. Je médite mon projet, j'affecte un visage calme auprès de mes parents et

notamment mon oncle qui s'apprêtait à m'emmener dans sa voiture à la campagne. Je fis changer la partie, je préfère aller souper à Paris chez lui. Je me retire, toujours avec l'apparence de la plus calme indifférence, mais libre, enfin seul avec moi, je me dispose à exécuter mon projet. Ce projet hélas, était de me laisser mourir de faim. Je m'y trouvais d'autant plus porté, que, comme on peut aisément le croire je ne sentais plus d'appétit, le lendemain également la faiblesse s'empara de moi, le surlendemain. Enfin, il y avait déjà deux jours et demi lorsque des personnes qui habitaient la même maison que moi, entendant mes soupirs, vont avertir M. Sedaine chez lequel nous logions. Il frappe, point de réponse, refrappe, encore moins, quoiqu'on l'avertît que certainement j'y étais.

Que fit ce brave et sensible homme, ce fut d'aller chercher le peintre Doyen

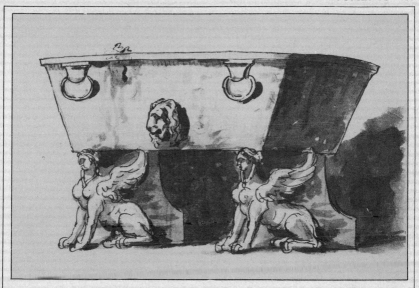

son ami et l'un de mes juges, il lui conte le fait et ma résolution. Doyen, occupé dans ce moment à son plafond des Invalides, quitte vite l'ouvrage. Ils viennent aussitôt refrapper à ma porte mais, comme je ne lui répondais pas. « Quoi, dit Doyen d'une voix élevée, Sedaine me parle de votre dessein, il n'y a pas de bons sens, mon ami, quand on fait un pareil tableau on doit s'estimer plus heureux que ceux qui l'ont emporté sur vous, ils changeraient bien avec vous ».

Ces paroles consolantes dites par un homme dont j'estimais le talent, mon juge enfin, me font traîner à la porte et la leur ouvrir. C'est alors qu'il fut beau à les voir, non ce tableau ne me sortira jamais de la tête, l'un me tenait dessous les bras assis sur une chaise tandis que l'autre me passait un bas puis l'autre, enfin ils m'habillèrent complètement, et me firent boire et manger par degrés jusqu'à ce qu'enfin ils m'eurent emmené avec eux pour m'enlever les idées funestes. Figurez-vous les voisines présentes lorsqu'on me rappelait à la vie. [...]

Le choc de Rome

Départ pour Rome en 1775 après avoir gagné le prix en 1774.

Je partis pour Rome en 1775 en qualité de pensionnaire de l'Académie de France, et j'eus le bonheur de faire le voyage avec M. Vien, mon maître, qui allait y occuper la place de directeur de cette Académie. Quelques succès dans le mauvais genre de peinture d'alors et des éloges indiscrets de certains professeurs qui me recommandaient bien fort de ne pas changer ma manière et de ne pas faire comme certains peintres qui pour en avoir voulu prendre une autre étaient revenus de Rome pis qu'avant leur départ, me fortifiaient dans le parti de m'en tenir à la mienne, mais hélas ceux qui me donnaient de si mauvais conseils avaient donc bien mal vu l'Italie, car à peine fus-je à Parme que voyant les ouvrages de Corrège je me trouvais déjà ébranlé ; à Bologne je commençais à faire de tristes réflexions, à Florence je fus convaincu, mais à Rome je fus honteux de mon ignorance. Étourdi de toutes les beautés qui m'environnaient je ne savais auxquelles me fixer.

J'avais encore cependant des inégalités, Cortone hélas, le dirais-je, avait encore des charmes sur moi. Je fis même quelques croquis d'après lui, cela dura peu, mes courses dans les musées, dans les galeries m'ouvrirent les yeux lorsque la divine Colonne trajane fixa totalement mes irrésolutions ; je fis

monter dans mon atelier plusieurs de ces bas-reliefs. Je passai six mois à les copier. Je commençai alors à savoir diriger mes études, j'oubliai peu à peu les mauvaises formes françaises qui se présentaient sans cesse sous ma main, ce que je faisais commençait à prendre un caractère antique ; car c'est à quoi je m'appliquai principalement. J'entremêlais mon travail, je dessinais d'après le Dominiquin, d'après Michel-Ange et surtout d'après Raphaël.

Raphaël homme divin ! c'est toi qui par degré m'éleva jusqu'à l'antique ! C'est toi peintre sublime ! c'est toi parmi les modernes qui est arrivé le plus près de ces inimitables modèles. C'est toi même. qui m'a fait apercevoir que l'antique était encore au-dessus de

toi ! C'est toi, peintre sensible et bienfaisant, qui plaças ma chaise devant les restes sublimes de l'antiquité. Ce sont tes doctes et gracieuses peintures qui m'en ont fait découvrir les beautés. Aussi après trois cents ans d'intervalle, pour prix de mon enthousiasme pour toi, daigne ô Raphaël, me reconnaître encore pour un de tes élèves. Tu m'en donnas un autre de ta main, c'est toi qui me plaça à l'école de l'antique ; que de grâces ne te dois-je pas, quel grand maître tu m'as donné, aussi je ne le quitterai de ma vie.

Cette gravure de Desprez, tirée du *Voyage pittoresque* de l'abbé de Saint-Non publié en 1782, illustre le transport des antiquités d'Herculanum au Musée archéologique de Naples. David visita la ville en 1779.

Je continuai donc à me conduire à Rome dans ces principes quand, voulant essayer mes forces dans la composition, j'entrepris de faire sur la toile une grande esquisse assez terminée représentant la mort de Patrocle sur le bûcher dans les bras d'Achille, Hector au bas du bûcher attaché par les pieds au char de son vainqueur. Calchas immolant douze princes troyens et tous les Grecs réunis montés sur leurs chars. Cette composition fit quelque plaisir à Rome, on voyait les intentions au goût antique, mais hélas ! on y voyait encore certaines traces françaises. Je les aperçus moi-même, me proposant bien de m'en corriger aussitôt que l'occasion s'en présenterait.

David,
Autobiographie
1808

Mais en 1780 son talent se développa entièrement dans un tableau qu'il fit pour la ville de Marseille représentant saint Roch qui guérit les pestiférés. Le tableau était destiné pour le Lazaret, mais les Marseillais aussitôt qu'ils le virent et ayant entendu parler des éloges sans nombre qu'il avait reçus à Rome, changèrent sa destination première pour le mettre mieux en évidence et le placèrent à la consigne à côté des ouvrages du Puget sculpteur.

En 1781, il fit pour son agrément à l'Académie de peinture, Bélisaire demandant l'aumône, et ce sujet si bien rendu par le Vandick, David eut l'art de le rendre nouveau par le groupe neuf et sentimental du petit qui demande l'aumône, par la manière singulière avec laquelle le serre l'infortuné Bélisaire. On se souvient de l'effet qu'a produit ce tableau au moment de l'agrégation de David à l'Académie [...]

L'amitié de David et Drouais est restée légendaire. Drouais lui adresse de Rome le projet dessiné du *Marius à Minturnes*. Le maître approuve : «Ne changez rien, voilà le bon».

Il s'aperçut en 1784 qu'il avait besoin de revoir l'Italie et d'ailleurs entraîné par l'amitié qu'il avait pour Drouais, son élève qui venait de gagner le prix cette année-là. Il se détermina pour ces raisons à faire le voyage avec lui et c'est en 1785, qu'il fit le tableau du *Serment des Horaces*, qui fixa sa réputation tant en Italie qu'en France et d'une manière si décisive, car s'il obtint beaucoup d'éloges dans ce pays-ci, il en fut accablé en Italie. Pendant trois semaines les rues de sa demeure ne désemplirent pas et pour éviter les malheurs les voitures allaient d'un côté des rues pendant que celles qui revenaient occupaient l'autre côté. Excusez ces petits détails, ce n'est que pour vous peindre l'effet que fit ce tableau à Rome. L'Académie de Saint-Luc, celles des Arcades et différentes lui envoyèrent des sonnets, soit en italien, soit en français, soit en latin.

Le peintre contre les pouvoirs

Il revint dans sa patrie et en 1786 il fit pour un de ses amis alors conseiller au parlement le tableau de Socrate buvant la ciguë, tableau qui est peut-être son chef-d'œuvre d'expression. En 1787 il fit pour le ci-devant comte d'Artois un tableau représentant les amours de Pâris et d'Hélène. Il ne s'était pas encore exercé dans cette sorte de genre agréable. Il ne fit pas de cet agréable que l'on avait vu jusqu'alors et le fit à

Jean-Germain Drouais, mort à vingt-cinq ans de la variole à Rome en 1788, fut le grand espoir fauché de la peinture française. Son œuvre principale, *Marius à Minturnes*, fit sensation au Salon de 1787.

la manière grecque et tout à fait antique. Il étonna ceux qui doutaient de ses succès dans le genre et les éloges qu'il lui en firent attestent la réussite de l'ouvrage. Son amour-propre satisfait, il revint à son genre naturel, au style tragique et historique. C'est alors qu'il fit son tableau de Brutus rentré dans ses foyers après avoir immolé ses deux fils à la liberté de Rome. Il le fit en 1789 et M. le comte d'Angiviller alors directeur général des bâtiments fit tous ses efforts pour l'empêcher de l'exposer au Salon : parce qu'alors il y avait de l'analogie entre la conduite de Brutus et celle qu'aurait dû tenir Louis XVI à l'égard de son frère et de ses autres parents qui conspiraient aussi contre la liberté de leur pays. Mais d'Angiviller n'y put réussir ; vint alors le 14 juillet et ensuite l'exposition du salon qui était le vint-cinq du mois d'août. Ce tableau est peut-être le plus profondément et le plus philosophiquement pensé. Il a eu l'art de mêler le terrible et l'agréable dans l'attitude de Brutus, dans la douleur concentrée et la sensibilité de la mère et de ses jeunes petites filles qui viennent se réfugier dans son sein, et qui ne peuvent supporter l'horreur qu'elles éprouvent à l'aspect du corps de leurs frères morts et que les licteurs rapportent sur leurs épaules.

David,
Autobiographie
avril 1793

David épistolier

Les lettres de David sont rares. Mais jamais anodines. Quelques-unes d'entre elles, qui jalonnent sa carrière, sont décisives pour l'intelligence du peintre et de son art. On relèvera l'évolution du ton, c'est-à-dire de l'homme. Arrogance juvénile du maître des Horaces, *sûr de son talent. Effusions étonnées du proscrit de Thermidor, qui se console mal de l'injustice humaine. Froideur officielle du peintre de l'Empire, qui se soucie de son œuvre, de son image, de son statut. Dignité stoïcienne de l'exilé bruxellois, qui assume enfin son destin.*

À sa mère

Paris, le 27 août 1781

Vous m'excuserez peut-être, ma très chère mère, de vous avoir laissée si longtemps sans vous écrire. Mais n'ayant rien de bon à vous annoncer, j'attendais un événement qui en méritât la peine. Celui-ci est du nombre, puisqu'il vous annonce que vendredi, veille de la Saint-Louis, l'Académie m'a agréé sur un grand tableau de Bélisaire reconnu par un soldat qui avait servi sous lui, dans le moment qu'une femme lui fait l'aumône. L'Académie m'a reçu d'une manière peu commune, puisque j'ai été reçu tout blanc, c'est-à-dire sans aucune fève noire.

M. le comte D'Angiviller était à la séance de l'Académie et m'a donné les plus grands encouragements, qu'il attendait de grandes occasions pour m'en donner des preuves. Vous savez que le comte D'Angiviller est le Ministre et le Surintendant général des Bâtiments. Voilà ce que j'avais à vous annoncer et ce que je vous ménageais depuis longtemps. Si vous venez à Paris voir mes tableaux au Salon, vous en saurez davantage par le public qui s'y porte en foule. Les grands, les cordons bleus veulent voir l'auteur, enfin on me dédommage de mes peines. Mme Buron vous logera, parce que mon oncle est à la campagne. Marquez-moi, je vous prie, si vous viendrez à Paris ; je suis actuellement dans les visites jusqu'au col, à en faire et à en recevoir, mais c'est chez M. Sedaine que l'on vient, car moi je demeure trop haut. Je demeure sur le quai de la Féraille, en face du Pont-Neuf, chez M. Hecquet, marchand de fer. Je ne suis encore riche que de gloire, mais d'espèces bien moins encore, mais j'espère que cela ne tardera pas ; enfin je n'ai pas perdu mon temps. Mes parents sont à la joie de leur cœur, et c'est à qui m'en témoignera le plus de satisfaction.

Adieu, ma mère, je vous embrasse de tout mon cœur, et soyez persuadée des sentiments respectueux avec lesquels je ne cesserai d'être toute ma vie votre très humble et très obéissant serviteur.

DAVID

Madame David, rue de la Prison, à Évreux, en Normandie.

Au marquis de Bièvre

Rome, le 28 août 1785

Il faut que je vous informe, monsieur le Marquis, du succès inattendu de mon tableau*, sachant la peine que le peuple romain a d'accorder quelque mérite à un peintre français. Mais cette fois ils se sont rendus de bon cœur, et il y a un concours de monde à mon tableau presque aussi nombreux qu'à la comédie du *Séducteur*.

Quel plaisir ce serait pour vous d'en être témoin ; au moins je dois vous en faire la description. D'abord les artistes étrangers ont commencé, ensuite les Italiens, et par les éloges outrés qu'ils en ont faits, la noblesse en a été avertie. Elle s'y est transportée en foule et on ne parle plus dans Rome que du peintre français et des Horaces. Ce matin j'ai appointement avec l'ambassadeur de Venise. Les cardinaux veulent voir cet animal rare et se transportent tous chez moi, et comme l'on sait que le tableau doit partir incessamment, chacun s'empresse à le voir.

_____
* *Le Serment des Horaces.*

Je n'ai enfin qu'un seul homme qui voudrait me traverser, parce que je ne l'ai pas consulté, c'est M. D'Azincourt, et surtout parce que j'ai fait dans mon fond d'architecture des arcs appuyés sur des colonnes et qui, selon lui, n'ont été en usage que du temps du Bas-Empire. Mais tout savant qu'il est, s'il l'était davantage il saurait que dans le temps de mon tableau c'était l'Étrurie qui donnait le ton à l'Italie et que les Romains s'en sont servis à l'exemple des Étrusques ; qu'après, ils sont retombés dans une plus grande ignorance quant aux arts. Mais enfin d'autres ont pris ma défense ; car moi, outre que je ne le vois pas, c'est que je n'ai pas voulu qu'il vît même mon tableau avant que je n'aie exposé au public. De là il s'est piqué, et c'est certainement cela qui a empêché que jusqu'à présent le cardinal de Bernis ne l'a pas vu. J'irai demain à Albano, et je ne sais ce qu'il me dira. Cependant M. D'Azincourt l'est venu voir avec M. de Suffren ; il paraît qu'il a fait de grandes acclamations de contentement.

Je suis donc satisfait au-delà de mes vœux de mon succès de Rome. J'ai des sonnets que je vous ferai voir. Mais il manque à mon bonheur de savoir s'il sera bien exposé à Paris (faveur qui ne m'a encore été accordée), et c'est donc mon âge qui en est la cause, et j'ai lieu d'espérer, quand je ferai des drogues, d'être mieux placé. Mettez-vous à ma place, monsieur le Marquis, et voyez une comédie de vous mal jouée, seriez-vous content ? Eh bien, la bonne ou mauvaise exposition est la même chose. Vous m'avez fait l'amitié de me dire que je vous avertisse de la place qui me serait le plus favorable, la voilà. Ce serait celle où était, il y a quatre ans, le Léonard de Vinci et, il y a deux ans, le tableau de Clorinde de M. Du Rameau.

Pour la grandeur de mon tableau que vous me demandez, j'ai outrepassé la mesure que l'on m'avait donnée pour le Roi. Elle me fut donnée de 10 sur 10 ; mais ayant tourné ma composition de toutes les manières, voyant qu'elle perdait de son énergie, j'ai abandonné de faire un tableau pour le Roi, et je l'ai fait pour moi. Jamais on ne me fera rien faire au détriment de ma gloire, et je l'ai fait de 13 pieds sur 10 pieds. Vous ne doutez pas que je serais flatté qu'il fût pour le Roi, ne sachant pas si j'en ferai jamais un pareil ; d'ailleurs, quand je l'ai proposé à M. Pierre, je lui ai dit : que ce n'était pas l'intérêt qui me guidait et que je le ferais de 13 pieds pour le même prix que si je le faisais de 10. Il m'a répondu que non, que ce serait narguer mes confrères ; moi je n'ai pas vu de cette manière et n'ai considéré que mon avancement. Je vous prie, monsieur le Marquis, de voir M. le comte d'Angiviller, et votre amitié pour moi vous dictera le reste.

J'ai l'honneur d'être avec respect, monsieur le Marquis, votre très humble et obéissant serviteur.

DAVID

À son élève
Jean-Baptiste Wicar

Paris, ce 14 juin 1789

Je ne sais exactement, mon cher Wicar, de quelle expression me servir pour vous prouver ma reconnaissance du beau et superbe dessin que vous m'avez envoyé, et ce que vous prétendez que j'ai fait à votre égard n'est rien en comparaison de la manière délicate avec laquelle vous venez d'agir avec moi. Je vous en voue une reconnaissance éternelle, et si mon amitié peut vous être agréable, disposez-en, vous vous en êtes rendu maître.

On s'empresse de le venir voir et on admire l'un et l'autre ; les uns disent « Michallon a bien du talent, mais si ce n'était pas dessiné comme cela, ce serait une tout autre chose. » Enfin c'est à qui vous comblera le plus d'éloges. J'ai vu vos dessins chez M. Lacombe, je ne sais s'il vous a fait part de ma satisfaction ; je vous la réitère. Vous avez une grande réputation, mais chacun demande : peint-il, peindra-t-il ? Je leur dis que oui, et vous connaissez ma manière de parler. Je leur dis : le gaillard n'est pas gauche, il saura toujours tirer parti des circonstances.

Enfin vous voilà à Florence, Florence, pensez-y bien, la patrie de Michel-Ange. Souvenez-vous combien peu de temps il a été à apprendre à peindre. Le sentiment et le dessin, voilà les vrais maîtres pour apprendre à remuer le pinceau. Qu'importe que l'on fasse ses hachures à droite, à gauche, de haut en bas, de long en large ; pourvu que les lumières soient à leur place, on peindra toujours bien. Malheur à celui qui dit qu'il ne sait pas peindre, en voulant dire qu'il ne sait pas fondre ; celui-là ne peindra jamais, même quand il saura bien fondre. Il ne dirait pas cela s'il avait ce que nous entendons « le sentiment ». Aussi ce grand Guide, tant estimé chez nous particulièrement, je ne l'aime pas, moi, je ne le trouve qu'un fondeur, et ses têtes n'ont pas du tout ce que je demande ; j'entends le Guide généralement parlant, car il y a certains

tableaux de lui que je distingue.

Et Fra Bartolommeo, à propos, quel homme est-ce encore que celui-là ? Quelles têtes de vieillards !
Ah ! Florence ! Florence ! Que tu es éloignée de Paris. Florence ! Florence !

Vous y êtes, profitez-en.

Je suis après faire un nouveau tableau, chétif que je suis. Je suis dans ce pauvre pays comme un chien qu'on a jeté à l'eau malgré lui, et qui s'efforce à gagner le bord pour ne pas perdre la vie ; et moi, pour ne pas perdre le peu que j'ai rapporté de l'Italie ; donc je cherche à me soutenir, et qui ne fait que se soutenir est bien près de reculer ; mais je compte aussi revoir dans peu et Florence et Rome, mais ne croyez pas ce que l'on vous dit de mon voyage, il n'en est encore rien. Quand je serai décidé, je vous en informerai.

Donc je voulais vous dire que je fais un tableau de ma pure invention. C'est Brutus, homme et père, qui s'est privé de ses enfants, et qui, rentré dans ses foyers, on lui rapporte ses deux fils pour leur donner la sépulture. Il est distrait de son chagrin, au pied de la statue de Rome, par les cris de sa femme, la peur et l'évanouissement de la plus grande fille. C'est bien beau à la description, mais pour le tableau, je n'ose encore rien dire. Il paraît, à ne vous pas mentir, qu'on est content de la composition ; mais moi, moi, je n'ose encore rien prononcer... Vous me feriez un plaisir de me croquer sur ce... tête pour la coiffure et dans la position que je vais vous marquer. Il me semble que vous trouveriez plutôt cela dans les Bacchanales. On y voit souvent de ces Bacchantes avec ces espèces d'attitude ; d'ailleurs, n'importe, pourvu que vous m'envoyiez une coiffure échevelée d'une jeune fille, une coiffure de style. Ne vous avisez pas de me faire un dessin fini, je n'abuse pas comme cela ; d'ailleurs je n'ai besoin que du trait, où l'on distingue bien toutes les masses de cheveux.

J'ai fait part à Girodet de votre souvenir, il y est bien sensible, il me dit de ne pas oublier de vous marquer le plaisir que cela lui a fait, et qu'il vous ira voir d'une manière ou de l'autre en allant à Rome. Je pense comme vous au sujet des artistes dont vous m'avez parlé, Saint-Ours, Canova, Vignali,

etc., etc., à l'exception que je mets Canova au-dessus de Julien, au moins considérant la route dans laquelle il est.

Adieu, Wicar, bien obligé du dessin et croyez-moi pour la vie votre ami.

DAVID

À Boissy d'Anglas

Paris, 16 novembre 1794

Ce 26 brumaire an III
de la République française.
Maison d'arrêt du Luxembourg.

*David au citoyen Boissy d'Anglas,
représentant du peuple.*

Il n'y a qu'un homme vraiment ami des arts qui puisse apprécier à sa juste valeur le cœur et la tête d'un artiste. Il sait mieux qu'aucun autre que son imagination exaltée l'entraîne presque toujours au-delà du but. Je le savais moi-même, je croyais m'en être garanti, quand l'abîme ouvert sous mes pas était prêt de m'engloutir.

Les méchants, combien ils m'ont abusé ! N'allez pas cependant croire que j'aie jamais pu participer à leurs infâmes complots. Non, non, mon cœur est pur, ma tête seule a failli.

La peinture ne rougira pas de me compter au nombre de ses enfants et le choix de mes sujets prouvera aux artistes qui viendront après moi combien j'ai l'âme sensible. Je n'ai jamais cherché autre chose dans mes ouvrages que d'inspirer l'amour des vertus ; jamais je n'ai aimé à représenter sur la toile des scènes de fureur ou de trahison et de vengeance. Les seules passions sublimes de l'âme ont eu des attraits pour moi. On ne m'appellera pas un peintre ami du sang.

Vous voulez donc, âme sensible, sauver des jours que je proscrirais moi-même, si je n'avais point à en rendre compte à mes enfants. Je les vis dernièrement, ces chers enfants, ils me dirent naïvement : « Pourquoi, mon père, as-tu quitté ton atelier pour être député ? » Je sentis qu'ils avaient plus de raison que je n'en avais eu alors en acceptant. Aussi leur répondis-je bien vite : « Mes enfants, une fois rendu à mon art, aucune puissance du monde ne pourra m'en séparer. »

Avouez aussi que les artistes sont bien injustes à mon égard. Vous avez vu avec quel intérêt je parlais d'eux à la tribune, mes yeux se mouillaient de larmes de joie quand j'avais pu découvrir un artiste de mérite inconnu, je m'empressais de le mettre au grand jour. On a paru m'en savoir gré quand j'étais en place ; précipité, on n'a vu que mes torts, on ne m'a tenu compte de rien.

Vous n'êtes pas sans vous apercevoir d'où part le coup. Les Académiciens ne me pardonneront jamais d'avoir appuyé le rapport de Grégoire sur la suppression des Académies. Mais ne pensez-vous pas comme moi que les Académies n'ont jamais produit que des demi-talents ?

Quand Colbert, par l'instigation de Lebrun, institua l'Académie de Peinture, Lebrun était déjà un grand homme. Il ne fut pas élevé sous une Académie ainsi que les Lesueur et les Poussin. Depuis la fondation des Académies, nous n'avons pas eu, à proprement parler, un véritable grand homme ; le génie étant entravé de tous côtés, il ne peut prendre essor. Pour avoir accès à cette Académie, il était obligé de suivre une routine reçue. Les Académies n'ont pu tout au plus produire que des habiles gens, et je

répéterai qu'elles font beaucoup de peintres, mais pas un grand homme. Je m'arrête et pense que vous avez fait ces réflexions-là aussi bien que moi ; que je ne vous apprends rien de nouveau.

Nous aurons un jour (je l'espère par l'intérêt touchant que vous prenez à mes jours) occasion de raisonner de toutes ces choses. Je ne devais, aujourd'hui, que vous entretenir de ma reconnaissance. Recevez, âme sensible, mes plaintifs remerciements au nom d'un talent auquel vous avez paru quelquefois faire attention. Les intrigants ne m'y rattraperont plus.

Peinture, borne là ta vengeance !
Oublie mon infidélité !
Entraîné dans l'abîme par des fripons, il me restera une grande leçon et qui doit être en même temps bien consolante pour moi, celle d'en avoir été retiré par des hommes qui ont constamment joui d'une probité à toute épreuve.

Salut, fraternité, reconnaissance sans bornes.

DAVID

À Mme Huin

Saint-Ouen, Seine-et-Marne,
23 septembre 1795

Combien il y aurait déjà longtemps, compatissante citoyenne, que vous auriez reçu de mes nouvelles si je n'avais point craint de vous attrister ou au moins de vous donner des inquiétudes sur ma position. Pour consolation j'ai trouvé le remède infaillible, le travail ; aussi je ne perds pas un instant et je suis après à terminer le second portrait. Celui de ma belle-sœur★ étant terminé, je m'occupe de son cher mari★ qui va l'être

★ Portrait de Mme Sériziat.
★ Portrait de M. Sériziat.

nécessairement aussi. Voilà de la pâture pour mes ennemis. Je crois qu'ils seront forcés d'avouer cependant que je n'ai pas encore perdu mon talent. J'aurais voulu faire un tableau d'histoire, vraiment c'était bien par là qu'il aurait fallu leur riposter, mais le temps, mais la tête m'auraient manqué ; malgré cela on verra que je n'ai pas perdu mon temps et on jugera encore de ce que je sais faire. Ils sont fort grands et peints sur bois.

Je mène une vie qui me plaît beaucoup ; je suis au milieu de la nature, employé aux travaux de la campagne et de mon art. Puissé-je bientôt voir finir mes inquiétudes et pouvoir bientôt veiller à l'éducation de mes enfants et au progrès de mon atelier car mes chers élèves qui ne me sortent pas de la tête ne doivent pas savoir que faire n'ayant plus de guide. J'espère que je vais avoir des progrès surprenants de votre aimable fille. Que je les verrai avec plaisir ! Je sais et je vois qu'elle m'aime bien. Eh bien assurez-la que je la surpasse de ce côté malgré le talent qu'elle est destinée à avoir, elle n'égalisera jamais le désir que j'en ai qu'elle consulte Isabey et quand elle le verra, je la prie de lui faire bien mes amitiés, ainsi qu'à sa chère femme et à toute sa famille. Si vous voyez ma femme, assurez-la de mon éternel attachement, la conduite qu'elle tient avec moi est au-dessus de l'éloge ; j'espère vous voir dans peu de temps, vous embrasser et peut-être encore en cœur content ; que le bien se fasse que les honnêtes gens soient heureux et je n'aurais rien à désirer. Je ne veux plus désormais m'occuper que de mon salut et si le ciel m'a doué de quelques dispositions je veux en tirer parti, et penser un peu aussi à faire le bien de mes enfants sans cependant oublier la gloire. [...]

À Vivant Denon[*]

Paris, 8 décembre 1803

Je vous remercie de l'intérêt que vous prenez aux ouvrages sortis de mes mains : je me donne beaucoup de peine pour les produire ; une fois faits, je m'occupe fort peu de ce qu'ils deviendront. C'est un tort, j'en conviens ; mais ainsi l'a voulu cette bonne nature qui a donné à chaque individu un caractère différent ; enfin voilà le mien. C'est alors que les bons amis nous deviennent bien utiles, et vous m'en donnez une preuve en cette occasion.

Certes, je préfère que mon tableau d'Andromaque pleurant sur le corps d'Hector soit plutôt exposé dans le Musée de Versailles que dans les salles de l'École de peinture, où il est caché pour les amateurs ; mais aussi je vous représenterai, mon cher collègue, que vous ne me rendriez que la moitié du service, si vous n'obteniez pas du ministre, ou par vous-même, la permission que j'y retouchasse. Il y a plus de dix ans que je souffre d'y voir certains défauts faciles à réparer, d'abord de la dureté dans les lumières sur la draperie blanche de la gorge d'Andromaque coupées par des ombres trop dures. La main de l'enfant sur la poitrine de sa mère est trop noire, puis les côtes d'Hector qui sont trop senties et en font plutôt le corps d'un écorché que celui d'un héros que Vénus protégeait encore après sa mort, jusqu'à lui conserver les mêmes formes qu'il avait avant d'avoir cessé de vivre. J'ajouterai encore la demi-teinte du bras d'Hector du côté de la lumière qui est trop noire. Je me bornerai là pour

[*] Nommé en 1802 Directeur Général des Musées Impériaux.

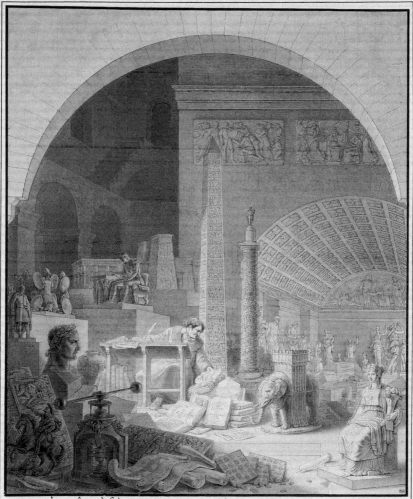

ne pas m'entraîner à faire un nouveau tableau (chose qui ne réussit pas en pareil cas). Enfin, je veux simplement retoucher et non pas repeindre après avoir fait enlever le vernis, cela s'entend. Ces riens-là réunis en feront un meilleur tableau et ne seront pas longs à faire ; d'ailleurs je remplirai mieux votre intention d'après l'idée que vous et les étrangers ont de mes faibles talents.

En demandant ce tableau aux professeurs de l'École de dessin, n'oubliez pas de réclamer sa bordure ; informez-vous de ce qu'ils en ont fait, mon nom et l'année que je l'ai fait étaient écrits dans un cartel en haut de la bordure. En donnant vos ordres aux gardiens d'en faire la recherche, ils ne manqueront sûrement pas de la retrouver dans les magasins du Musée.

À M. Picard

Bruxelles, 23 août 1816

Je vous envoie, mon cher et bon Monsieur Picard, le petit souvenir que vous me faites le plaisir de me demander : si j'avais pu prévoir que vous y attachez autant de prix, il y a déjà longtemps que je vous aurais satisfait à cet égard. Je souhaite qu'il vous fasse autant de plaisir de le recevoir que j'en ai eu à le faire.

La mesure que le gouvernement a prise relativement à certains réfugiés ne me regarde pas, c'est toujours la liste des 38 que l'on veut éloigner des Pays-Bas, on ne nous atteint pas encore, je suis résigné à tout, je n'ai rien à me reprocher, j'ai toujours fait du bien toute ma vie, j'ai été utile dans tous les pays que j'ai habités, laissons faire aux hommes, ils ne m'étonneront jamais, j'ai assez vécu pour les connaître.

J'ai revu M. d'Egleville avec plaisir, je n'oublie pas le service qu'il m'a rendu il y a 20 ans et plus, c'est tout ce qu'il pouvait faire pour moi, il est si bon qu'il en aurait fait davantage si cela avait dépendu de lui.

Quant à mon tableau d'histoire de Psyché et l'Amour, il est terminé puisqu'il est depuis 10 jours exposé au Musée de la Cour au profit de l'Hospice des Vieillards de Sainte-Gudule et autres, la quête est considérable en proportion du pays, et les administrateurs me répètent journellement que les pauvres de ces Maisons font des prières pour que je leur en fasse un pareil tous les ans. Ah ! s'ils pouvaient obtenir par leurs prières que Dieu me retirât une quinzaine d'années, je pourrais alors remplir leurs espérances mais il y a un terme à tout, il faut s'y conformer. Je désirerais cependant que ce ne fût pas demain, car j'ai encore quelque chose dans la tête qu'il faut que je mette sur la toile, alors elle pourra baissser, adieu les spectateurs et la comédie est finie.

Au peintre Gros

Bruxelles, le 13 mai 1817

Je me reprocherais, mon cher Monsieur Gros, de laisser partir pour Paris M. Navez, sans le charger de vous porter un témoignage de mon inviolable attachement. Vos qualités particulières, votre talent et votre générosité ne me sortent pas de la tête ; j'en entretiens journellement ceux qui m'entourent. Ils se plaisent à me mettre sur ce chapitre, ils savent que c'est me prendre par mon endroit sensible. Oui, mon ami, c'est à ces bonnes qualités que vous êtes réellement un homme de mérite ; ceux à qui elles manquent, croyez qu'il manque aussi quelque chose dans leurs productions. Si cela n'est pas apparent au premier coup d'œil, il y a une sorte de malaise qu'on éprouve en contemplant leurs ouvrages. Les jeunes gens ne savent pas s'en rendre compte, mais les hommes qui ont réfléchi, et qui ont de la pénétration, ne manquent pas de la découvrir ; vous pourrez être persécuté, les hommes détestent ceux qui valent mieux qu'eux, mais sa conscience, mais son estime, et sa conviction de ce qu'on vaut, tout cela réuni vous donne une force, un maintien, qui en imposent aux méchants : ils n'osent seulement pas vous envisager...

... Je me tais, vous pourriez croire par mon style que j'ai de l'humeur ; détrompez-vous, mon ami, je n'ai jamais été plus heureux, ma femme partage mon même bonheur et c'est ce qui l'augmente. Le dirai-je, sans avoir la vertu de Socrate, je me plais à croire, comme lui, que j'ai un génie familier qui veille à toutes mes actions ; il m'en a donné tant de preuves depuis vingt-cinq ans, mais en vérité cette fois-ci, il vient d'y mettre le comble : il me montre du doigt mes bons amis, il me fortifie contre l'ingratitude des hommes, il me dévoile la vieillesse malheureuse qui attend les ingrats ; ils seront payés de retour dans ce qui doit les intéresser le plus dans la vie.

Je retombe encore dans la morale, abordons vite ce qui nous touche le plus : parlons peinture. Avec quel plaisir j'apprendrai vos succès. J'attends l'arrivée ici de ceux qui auront vu le salon. Je ne regarderai aucun journal, on sait comment ces articles-là se font. Pour nous et nos amis, je m'en rapporterai à M. Navez. C'est un jeune homme plein de talent et juste, vous seriez étonné des progrès qu'il vient de faire sous mes yeux ; c'est un coloriste très fin et très vrai. Il vient de faire un tableau de portraits de famille de six personnes grandes comme nature, je vous assure qu'il tiendrait bien sa place au Salon de Paris.

Moi je travaille comme si je n'avais que trente ans ; j'aime mon art comme je l'aimais à seize ans, et je mourrai, mon ami, en tenant le pinceau. Il n'y a pas de puissance, telle malveillante qu'elle soit, qui peut m'en priver : j'oublie toute la terre ; mais la palette à bas, je pense à mes enfants, à mes amis, aux braves gens.

Dites bien des choses de ma part à M. le comte de Forbin ; il sait combien je l'aime, combien j'admire son talent et son caractère, et répétez-lui que je suis bien sensible à l'intérêt qu'il a le courage de me conserver.

Mes respects à votre chère femme ; toute ma vie votre dévoué bon ami.

DAVID

Bruxelles, 2 novembre 1819

Nous ne nous entendrons jamais, mon bon ami, tant que vous vous persuaderez qu'on ne peut être heureux qu'en France ; moi je suis bien fondé à penser le contraire. Depuis mon retour de Rome en 1781, je n'ai jamais cessé d'y être persécuté, tourmenté dans mes travaux par tous les moyens les plus odieux, et si le ciel ne m'avait pas favorisé d'une certaine force de tête, j'aurais pu y succomber. Vous avez été témoin souvent, votre amitié pour moi

Lorsque David quitta Paris pour Bruxelles, ce fut son élève, le baron Gros, qui prit la tête de son école. L'atelier était orné de l'effigie du maître surmontée d'une couronne de lauriers.

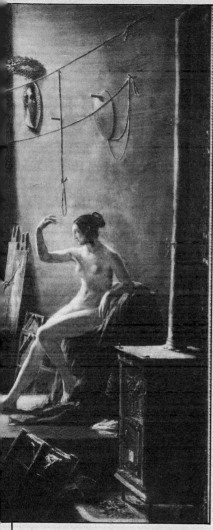

l'huile dans le feu lorsqu'une révolution terrible est venue leur donner la force, et Dieu sait comme ils en ont profité.

Vous m'aimez, mon bon ami, vous ne voulez que mon bonheur et ma tranquillité ; eh bien ! soyez content, vos vœux sont remplis ; laissez-moi jouir en paix du repos que j'éprouve en ce pays et qui m'a été inconnu jusqu'à présent. Vous connaissez bien ma situation, parlons donc à présent de mes intérêts, chose qu'il faut diviser et qui n'a aucun rapport avec la première.

Je n'ai jamais refusé de céder mes tableaux, je ne l'ai refusé qu'à l'étranger, pensant bien qu'à ma mort le gouvernement ne pousserait pas plus loin sa haine. Ils rappelleront peut-être un jour les persécutions sans nombre qu'ils ont attirées à leur auteur. Mais, mon ami, était-ce là le moyen si on avait sincèrement le désir d'en faire l'acquisition ? C'est vous, vous seul, qui m'en avez parlé, je ne devais regarder cela que comme un élan de votre amitié ; les personnes attachées au gouvernement, sous le rapport des arts, m'en ont-elles jamais entretenu. Je méritais, je crois, après les services que je leur ai rendus, une petite déférence de leur part ; ils n'en ont rien fait, je dois donc attendre qu'ils s'expliquent plus ouvertement.

Bruxelles, 1825

Mon cher Monsieur Gros,

Ne me parlez jamais de démarches de ma part pour rentrer. Je n'en dois faire aucune ; ce que je devais faire pour ma patrie, je l'ai fait. Je lui ai formé une brillante école ; j'ai fait des ouvrages classiques que toute l'Europe viendra étudier. J'ai rempli ma tâche ; c'est au gouvernement à remplir la sienne.

m'en a souvent prévenu ; vous m'avez même reproché d'être apathique, de ne pas y attacher d'importance ; je les laissais faire et leur répondais par un ouvrage. C'était, à la vérité, jeter de

Les fêtes de la Révolution

Du printemps 1792 au 9 Thermidor, David est le grand ordonnateur des fêtes révolutionnaires. Il en établit le programme iconographique, en conçoit l'ordonnance, en dirige la réalisation. Bref, il assume, avec la bénédiction de Robespierre, de la Fête de la Liberté à celle de l'Être Suprême, toute la chorégraphie des liturgies montagnardes, ces machines théâtrales qui mêlent avec éclat prosélytisme cruel et religion civique. L'art du peintre est au service de la politique jacobine : David s'y révèle un maître de la propagande.

Première station

La Fête de la Réunion républicaine (10 août 1793)

[...] Peuple magnanime et généreux, peuple vraiment digne de la liberté, peuple français, c'est toi que je vais offrir en spectacle aux yeux de l'Éternel. En toi seul il reconnaîtra son ouvrage ; il va revoir les hommes égaux et frères, comme ils sont sortis de ses divines mains. Amour de l'humanité, liberté, égalité, animez mes pinceaux.

Les Français réunis pour célébrer la fête de l'unité et de l'indivisibilité, se lèveront avant l'aurore ; la scène touchante de leur réunion sera éclairée par les premiers rayons du soleil. Cet astre bienfaisant dont la lumière s'étend sur tout l'univers, sera pour eux le symbole de la vérité à laquelle ils adresseront des louanges et des hymnes.

Première station

Le rassemblement se fera sur l'emplacement de la Bastille. Au milieu de ses décombres, on verra s'élever la fontaine de la Régénération, représentée par la Nature. De ses fécondes mamelles, qu'elle pressera de ses mains, jaillira avec abondance l'eau pure et salutaire, dont boiront tour à tour quatre-vingt-six commissaires des envoyés des Assemblées primaires, c'est-à-dire un par département ; le plus ancien d'âge aura la préférence ; une seule et même coupe servira pour tous.

Le président de la Convention nationale, après avoir, par une espèce de libation, arrosé le sol de la liberté, boira le premier ; il fera successivement passer la coupe aux commissaires des envoyés des Assemblées primaires ; ils seront appelés, par lettre alphabétique, au son de la caisse et de la trompe ; une salve d'artillerie, à chaque fois qu'un commissaire aura bu, annoncera la

Deuxième
station

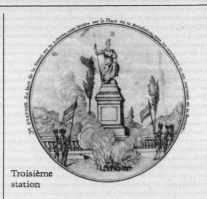

Troisième
station

consommation de l'acte de Fraternité.

Alors on chantera, sur l'air chéri des enfants de Marseille, des strophes analogues à la cérémonie ; le lieu de la scène sera simple, sa richesse sera prise dans la nature ; de distance en distance on verra tracées sur des pierres des inscriptions qui rappelleront la chute du monument de notre ancienne servitude ; et les commissaires, après avoir bu tous ensemble, se donneront réciproquement le baiser fraternel. [...]

Troisième station

Citoyens, nous sommes arrivés à l'immortelle et impérissable journée du 10. C'est sur la place de la Révolution, c'est à l'endroit où est mort le tyran qu'il convient de la célébrer.

Sur les débris existants du piédestal de la tyrannie sera élevée la statue de la Liberté, dont l'inauguration se fera avec solennité ; des chênes touffus formeront autour d'elle une masse imposante d'ombrage et de verdure ; le feuillage sera couvert des offrandes de tous les Français libres. Rubans tricolores, bonnets de la liberté, hymnes, inscriptions, peintures, seront les fruits qui plaisent à la déesse ; à ses pieds sera un énorme bûcher, avec des

gradins au pourtour. C'est là que, dans le plus profond silence, seront offerts en sacrifice expiatoire les imposteurs attributs de la royauté ; là, en présence de la déesse chérie des Français, les quatre-vingt-six commissaires, chacun une torche à la main, s'empresseront, à l'envi, d'y mettre le feu. La mémoire du tyran sera dévouée à l'exécration publique, et, aussitôt après, des milliers d'oiseaux rendus à la liberté, portant à leur col de légères banderoles, prendront leur vol rapide dans les airs, et porteront au ciel le témoignage de la liberté rendue à la terre.

Quatrième
station

Quatrième station

La quatrième station se fera sur la place des Invalides. Au milieu de la place, sur la cime d'une montagne, sera représenté en sculpture, par une figure colossale, le *Peuple Français*, de ses bras vigoureux rassemblant le faisceau départemental ; l'ambitieux fédéralisme sortant de son fangeux marais, d'une main écartant les roseaux, s'efforce de l'autre d'en détacher quelque portion ; le Peuple français l'aperçoit, prend sa massue, le frappe, et le fait rentrer dans ses eaux croupissantes, pour n'en sortir jamais.

David,
Rapport à la Convention
11 juillet 1793

La Fête de l'Être Suprême (8 juin 1794)

L'aurore annonce à peine le jour, et déjà les sons d'une musique guerrière retentissent de toutes parts et font succéder au calme du sommeil un réveil enchanteur.

A l'aspect de l'astre bienfaisant qui vivifie et colore la nature, amis, frères, enfants, vieillards et mères s'embrassent et s'empressent à l'envi d'orner et de célébrer la fête de la Divinité.

On voit aussitôt des banderoles tricolores flotter à l'extérieur des maisons, les portiques se décorent de festons de verdure, la chaste épouse tresse de fleurs la chevelure flottante de sa fille chérie, tandis que l'enfant à la mamelle presse le sein de sa mère dont il est la plus belle parure ; le fils aux bras vigoureux se saisit de ses armes, il ne veut recevoir de baudrier que des mains de son père ; le vieillard souriant de plaisir, les yeux mouillés des larmes de la joie, sent rajeunir son âme et son courage en présentant l'épée aux défenseurs de la liberté.

Cependant l'airain tonne ; à l'instant les habitations sont désertes, elles restent sous la sauvegarde des lois et des vertus républicaines : Le peuple remplit les rues et les places publiques ; la joie et la fraternité l'enflamment. Ces groupes divers, parés des fleurs du printemps, sont un parterre animé dont les parfums disposent les âmes à cette scène touchante.

Les tambours roulent ; tout prend une forme nouvelle. Les adolescents armés de fusils forment un bataillon carré autour du drapeau de leurs sections respectives. Les mères quittent leurs fils et leurs époux ; elles portent à leur main des bouquets de roses ; leurs filles, qui ne doivent jamais les abandonner que pour passer dans les bras de leurs époux, les accompagnent et portent des corbeilles remplies de fleurs. Les pères conduisent leurs fils, armés d'une épée, l'un et l'autre tiennent à la main une branche de chêne. [...]

Au milieu du peuple paraissent ses représentants. Ils sont environnés par l'enfance ornée de violettes, l'adolescence de myrte, la virilité de chène et la vieillesse aux cheveux blancs de pampres et d'olivier. Chaque représentant porte à sa main un bouquet d'épis de blé, de fleurs et de fruits, symbole de la mission qui lui a été confiée, mission qu'ils rempliront en dépit des obstacles renaissants sous leurs pas.

Au centre de la représentation nationale, quatre taureaux vigoureux, couverts de festons, de guirlandes, traînent un char, sur lequel brille un trophée composé des instruments des arts et métiers et des productions du territoire français.

Vous qui vivez dans le luxe et dans la mollesse, vous dont l'existence n'est qu'un pénible sommeil, peut-être oserez-vous jeter un regard de mépris sur ces utiles instruments. Ah ! fuyez, fuyez loin de nous. Vos âmes corrompues ne sauraient goûter les jouissances simples de la nature ; et toi, peuple laborieux et sensible, jouis de ton triomphe et de ta gloire, dédaigne les vils trésors de tes lâches ennemis ; n'oublie pas surtout que les héros et les bienfaiteurs de l'humanité conduisaient la charrue de la même main qu'ils avaient vaincu les rois et leurs satellites.

Après avoir, durant la marche, couvert d'offrandes et de fleurs les statues de la Liberté, le cortège arrive au champ de la Réunion. Ames pures, cœurs vertueux, c'est ici que vous attend une scène ravissante, c'est ici que la Liberté vous a ménagé ses plus douces jouissances.

Une montagne immense devient l'autel de la patrie. Sur la cime s'élève l'arbre de la Liberté. Les représentants s'élancent sous ses rameaux protecteurs ; les pères avec leurs fils se groupent sur la partie de la montagne qui leur est désignée ; les mères avec leurs filles se rangent de l'autre côté ; leur fécondité et les vertus de leurs époux sont les seuls titres qui les y ont conduites. Un silence profond règne de toutes parts, les accords touchants d'une musique harmonieuse se font entendre : les pères accompagnés de leurs fils chantent une première strophe. Ils jurent ensemble de ne plus poser les armes qu'après avoir anéanti les ennemis de la République. Tout le peuple répète la finale. Les filles avec leurs mères, les yeux fixés vers la voûte céleste, chantent une seconde strophe : celles-ci promettent de n'épouser jamais que des hommes qui auront servi la patrie, les mères s'enorgueillissent de leur fécondité.

David,
Rapport à la Convention
7 juin 1794

Les martyrs de la Liberté

Les plus beaux textes de David sont ceux qui célèbrent en 1793-1794 les martyrs de la Liberté, ces victimes républicaines que les Montagnards annexent à leur propagande en immortalisant leur héroïsme sous la coupole du Panthéon : Lepeletier de Saint-Fargeau, Marat, Barra. Ce sont tous des textes officiels puisqu'ils résultent d'interventions diverses à la Convention. David y atteint au lyrisme.

L'hommage à la Convention du tableau de Lepeletier

Citoyens représentants,

Chacun de nous est comptable à la patrie des talents qu'il a reçus de la nature ; si la forme est différente, le but doit être le même pour tous. Le vrai patriote doit saisir avec empressement tous les moyens d'éclairer ses concitoyens, et de présenter sans cesse à leurs yeux les traits sublimes d'héroïsme et de vertu.

C'est ce que j'ai tenté de faire dans l'hommage que j'offre en ce moment à la Convention nationale d'un tableau représentant Michel Lepelletier assassiné lâchement pour avoir voté la mort du tyran.

Citoyens, le ciel, qui répartit ses dons entre tous ses enfants, voulut que j'exprimasse mon âme et ma pensée par l'organe de la peinture, et non par les sublimes accents de cette éloquence persuasive que font retentir parmi vous les fils énergiques de la liberté. Plein de respect dans ses décrets immuables, je me tais, et j'aurai rempli ma tâche, si je fais dire un jour au vieux père entouré de sa nombreuse famille : Venez, mes enfants, venez voir celui de vos représentants qui, le premier, est mort pour vous donner la liberté ; voyez ses traits, comme ils sont sereins ; c'est que quand on meurt pour son pays on n'a rien à se reprocher. Voyez-vous cette épée suspendue sur sa tête et qui n'est retenue que par un cheveu ? Eh bien, mes enfants, cela veut dire quel courage il a fallu à Michel Lepelletier, ainsi qu'à ses généreux collègues, pour envoyer au supplice l'infâme tyran qui nous opprimait depuis si longtemps, puisqu'au moindre mouvement, ce cheveu rompu, ils étaient tous immolés.

Voyez-vous cette plaie profonde ?

Vous pleurez, mes enfants, vous détournez les yeux ! Mais aussi faites attention à cette couronne, c'est celle de l'immortalité ; la patrie la tient prête pour chacun de ses enfants ; sachez la mériter ; les occasions ne manquent jamais aux grandes âmes. Si jamais, par exemple, un ambitieux vous parlait d'un dictateur, d'un tribun, d'un régulateur, ou tentait d'usurper la plus légère portion de la souveraineté du peuple, ou bien qu'un lâche osât vous proposer un roi, combattez ou mourez comme Michel Lepelletier, plutôt que d'y jamais consentir ; alors, mes enfants, la couronne de l'immortalité sera votre récompense.

Je prie la Convention nationale d'accepter l'hommage de mon faible talent. Je me croirai trop récompensé, si elle daigne l'accueillir.

David,
Discours à la Convention
29 mars 1793

La dernière visite de David à Marat, le 12 juillet 1793

La veille de la mort de Marat, la Société des Jacobins nous envoya, Maure et moi, nous informer de ses nouvelles. Je le trouvai dans une attitude qui me frappa. Il avait auprès de lui un billot de bois sur lequel étaient placés de l'encre et du papier, et sa main, sortie de la baignoire, écrivait ses dernières pensées pour le salut du

L'exposition du corps de Marat dans l'église des Cordeliers, dans la nuit du 15 juillet 1793 : «Il a été arrêté que son corps serait exposé couvert d'un drap mouillé qui représenterait la baignoire.»

peuple. Hier, le chirurgien qui a embaumé son corps m'a envoyé demander de quelle manière nous l'exposerions aux regards du peuple dans l'église des Cordeliers. On ne peut point découvrir quelques parties de son corps, car vous savez qu'il avait une lèpre et que son sang était brûlé. Mais j'ai pensé qu'il serait intéressant de l'offrir dans l'attitude où je l'ai trouvé, « écrivant pour le bonheur du peuple ».

David,
Intervention à la Convention
15 juillet 1793

David et les funérailles de Marat

En vertu du décret d'hier, je me suis rendu, avec mes collègues Maure et Bentabole, à la section du Théâtre-Français. Après avoir fait part à cette section de mes idées sur les obsèques de Marat, j'ai reconnu qu'elles étaient impraticables. Il a été arrêté que son corps serait exposé couvert d'un drap mouillé qui représenterait la baignoire et qui, arrosé de temps en temps, empêcherait l'effet de la putréfaction. Il sera inhumé aujourd'hui à cinq heures du soir, sous les arbres où il se plaisait à instruire ses concitoyens. La sépulture aura la simplicité convenable à un républicain incorruptible, mort dans une honorable indigence. C'est du fond d'un souterrain qu'il désignait au peuple ses amis et ses ennemis : que mort il y retourne et que sa vie serve d'exemple. Caton, Aristide, Socrate, Timoléon, Fabricius et Phocion, vous dont j'admire la respectable vie, je n'ai pas vécu avec vous, mais j'ai connu Marat, je l'ai admiré comme vous, la postérité lui rendra justice.

David,
Intervention à la Convention
16 juillet 1793

L'hommage à la Convention du tableau de Marat

Citoyens,

Le peuple redemandait son ami, sa voix désolée se faisait entendre, il provoquait mon art, il voulait revoir les traits de son ami fidèle : David ! saisis tes pinceaux, s'écria-t-il, venge notre ami, venge Marat ; que ses ennemis vaincus pâlissent encore en voyant ses traits défigurés, réduis-les à envier le sort de celui que, n'ayant pu corrompre, ils ont eu la lâcheté de faire assassiner. J'ai entendu la voix du peuple, j'ai obéi.

Accourez tous ! la mère, la veuve, l'horphelin, le soldat opprimé ; vous tous qu'il a défendus au péril de sa vie, approchez ! et contemplez votre ami ; celui qui veillait n'est plus ; sa plume, la terreur des traîtres, sa plume échappe de ses mains. O désespoir ! Votre infatigable ami est mort !

Il est mort, votre ami, en vous donnant son dernier morceau de pain ; il est mort sans même avoir de quoi se faire enterrer. Postérité, tu le vengeras ; tu diras à nos neveux combien il eût pu posséder de richesses, s'il n'eût préféré la vertu à la fortune. Humanité, tu diras à ceux qui l'appelaient buveur de sang, que jamais ton enfant chéri, que jamais Marat ne t'a fait verser de larmes.

Toi-même je t'évoque, exécrable calomnie ; oui, je te verrai un jour, et ce jour n'est pas loin, étouffant de tes deux mains desséchés, mourir de rage en avalant tes propres poisons.

Alors on verra l'aristocratie épuisée, confuse, ne plus oser se montrer.

Et toi, Marat, du fond de ton tombeau, tes cendres se réjouiront, tu ne regretteras plus ta dépouille mortelle, ta tâche glorieuse sera remplie ; et le peuple, une seconde fois, couronnant tes travaux, te portera dans ses bras au Panthéon.

C'est à vous, mes collègues, que j'offre l'hommage de mes pinceaux ; vos regards, en parcourant les traits livides et ensanglantés de Marat, vous rappelleront ses vertus, qui ne doivent cesser d'être les vôtres.

Citoyens, lorsque nos tyrans, lorsque l'erreur égaraient encore l'opinion, l'opinion porta Mirabeau au Panthéon. Aujourd'hui les vertus, les efforts du peuple ont détruit le prestige ; la vérité se montre ; devant elle la gloire de l'ami des rois se dissipe comme une ombre, que le vice, que l'imposture fuient du Panthéon ; le peuple y appelle celui qui ne le trompa jamais.

Je vote pour Marat les honneurs du Panthéon.

David,
Discours à la Convention
15 novembre 1793

Barra et Viala : l'enfance héroïque

Peuples, écoutez, et vous tyrans, lisez et pâlissez : je vais mettre sous les yeux du monde les titres que Barra et Agricol Viala ont à la reconnaissance nationale : ceux que vous avez, au mépris de la nature que vous voulez comprimer, y paraîtront aussi, accompagnés de l'horreur qu'ils inspirent.

Ici, à treize ans, le jeune Barra, enfant héroïque, dont la main filiale nourrissait sa mère, de toutes parts enveloppé des assassins de l'humanité, accablé par le nombre, tombait vivant dans leurs féroces mains ! C'est dans le danger que la vertu brille d'une manière plus éclatante. Sommé par les brigands de crier "Vive le Roi !" saisi

d'indignation, il frémit : il ne leur répond que par le cri de : "Vive la République !" A l'instant, percé de coups, il tombe en pressant sur son cœur la cocarde tricolore : il meurt pour revivre dans les fastes de l'histoire.

Là, sur les bords de la Durance, Agricol Viala, dans un âge plus tendre encore, la hache à la main, court à une mort certaine, pour couper le câble du bac qui apportait sur la terre de la liberté l'odieux fédéralisme ; atteint d'un plomb meurtrier que lançait sur lui les rebelles Marseillais, il s'écrie : "Je meurs ! cela m'est égal, c'est pour la liberté !" Il dit, il tombe, il est mort, et le Midi est sauvé.

Ainsi se fane et meurt une fleur nouvelle coupée par le tranchant de la charrue ; ainsi les pavots, battus de l'orage, courbent leurs têtes appesanties par la pluie ; Barra et Agricol Viala ! ainsi vous fûtes moissonnés à la fleur de vos ans !

David,
Rapport sur la fête héroïque pour les honneurs du Panthéon à décerner aux jeunes Barra et Viala
11 juillet 1794

David théoricien

Tout à sa peinture, David n'a théorisé que par accident. On ne lui connaît pas de traités savants ou doctrinaires. Mais l'artiste excellait dans le genre oratoire du rapport à la Convention. Pour détruire les Académies, temples de la routine et du privilège, pour vanter un art civique jusqu'à la propagande, qui fait de l'artiste un « philosophe », il trouve des accents d'une éloquence imprévue.

Si quelqu'un parmi vous, citoyens, ne se trouvait pas encore convaincu de la nécessité absolue de détruire en masse toutes les Académies, dernier refuge de toutes les aristocraties, que celui-là veuille un moment prêter une oreille attentive ; je m'engage, en peu de mots, à dissiper ses doutes, à décider son jugement, en intéressant sa sensibilité. Prouvons d'abord le tort réel que les Académies font à l'art même, combien elles sont loin de remplir le but qu'elles se sont proposé ; démasquons l'esprit de corps qui les dirige, la basse jalousie des membres qui les composent, les moyens cruels qu'ils emploient pour étouffer les talents naissants, et les vengeances monacales qu'ils mettent à toute heure en usage, si par malheur le jeune homme qu'ils poursuivent a reçu de la nature un talent qui le met hors d'atteinte de leur tyrannique domination. Je m'attacherai plus particulièrement à l'Académie de Peinture et de Sculpture : en parlant d'une Académie, c'est parler de toutes ; dans toutes, c'est toujours le même esprit, dans toutes, ce sont les mêmes hommes.

Talents perdus pour la postérité ! Grands hommes méconnus ! je vais apaiser vos mânes ; vous serez vengés : votre malheur, illustres victimes, est d'avoir vécu sous des rois, des ministres, des Académies.

J'ai dit que je prouverais le tort que les Académies font à l'art qu'elles professent, je tiendrai parole. Je ne vous ennuierai point, citoyens, par des détails fastidieux, du mauvais mode d'éducation qu'employait l'Académie de Peinture et de Sculpture ; il sera facile de vous en convaincre, quand vous saurez que douze professeurs par années, c'est-à-dire un pour chaque mois (observez qu'ils étaient inamovibles), s'empressent à l'envi de détruire les premiers principes qu'un jeune artiste a reçus et reçoit journellement de son maître ; chacun de ces douze professeurs ne trouvant bon (comme vous l'imaginez bien) que ses principes, le pauvre jeune homme, pour leur complaire alternativement, est obligé de changer douze fois l'année de manière de voir et de faire, et, pour avoir appris douze fois l'art, finit par ne rien savoir, parce qu'il ne sait à quoi s'en tenir ; mais surmonte-t-il, par les rares dispositions qu'il a reçues du ciel, cette mauvaise instruction, oh ! c'est alors que l'enfant de tant de pères, et qui n'en peut compter aucun directement, excite la basse jalousie de tous ses maîtres réunis pour le perdre. La politique des Rois est de maintenir l'équilibre des couronnes, la politique des Académies est de maintenir aussi l'équilibre des talents. Malheur à l'artiste téméraire qui dépasse le cercle de Popilius, il devient étranger pour les Académiciens ; c'est un profane qui souille, par sa présence, le bois sacré des Druides, et s'il n'y trouve pas une mort soudaine, ils l'en chassent à force de dégoût. [...]

Au nom de l'humanité, au nom de la justice pour l'amour de l'art, et surtout par votre amour pour la jeunesse, détruisons, anéantissons les trop funestes Académies, qui ne peuvent plus subsister sous un régime libre. Académicien, j'ai fait mon devoir ; prononcez.

David,
Discours à la Convention nationale,
8 août 1793

Citoyens,

En décrétant que ceux des monuments des arts mis au concours, qui doivent mériter les récompenses nationales, seraient jugés par un jury nommé par les Représentants du peuple, vous avez rendu hommage à l'unité et à l'indivisibilité de la République ; vous avez renvoyé à votre Comité d'instruction publique pour qu'il vous présentât une liste de candidats : c'est alors que votre Comité a considéré les arts, sous tous les rapports, qui doivent les faire contribuer à étendre les progrès de l'esprit humain, à propager, et à transmettre à la postérité l'exemple frappant des sublimes efforts d'un peuple immense, guidé par la raison et la philosophie, ramenant sur la terre le règne de la liberté, de l'égalité et des lois.

Les arts doivent donc puissamment contribuer à l'instruction publique ; mais c'est en se régénérant : le génie des arts doit être digne du peuple qu'il éclaire ; il doit toujours marcher accompagné de la philosophie, qui ne lui conseillera que des idées grandes et utiles.

Trop longtemps les tyrans, qui redoutent jusqu'aux images des vertus, avaient, en enchaînant jusqu'à la pensée, encouragé la licence des mœurs ; les arts ne servaient plus qu'à satisfaire l'orgueil et le caprice de quelques sybarites gorgés d'or ; et des corporations despotiques, circonscrivant le génie dans le cercle étroit de leurs pensées, proscrivaient quiconque se présentait avec les idées pures de la morale et de la philosophie. Combien de génies naissants ont été étouffés dès leur berceau ! Combien de victimes de l'arbitraire, des préjugés, des passions, de ces écoles que le caprice ou la mode perpétuèrent ! Examinons quel principe doit régénérer le goût des arts, et de là nous conclurons qui doit être juge.

Les arts sont l'imitation de la

nature dans ce qu'elle a de plus beau, dans ce qu'elle a de plus parfait ; un sentiment naturel à l'homme l'attire vers le même objet.

Ce n'est pas seulement en charmant les yeux que les monuments des arts ont atteint le but, c'est en pénétrant l'âme, c'est en faisant sur l'esprit une impression profonde, semblable à la réalité : c'est alors que les traits d'héroïsme, de vertus civiques, offerts aux regards du peuple, électriseront son âme, et feront germer en lui toutes les passions de la gloire, de dévouement pour le salut de la patrie. Il faut donc que l'artiste ait étudié tous les ressorts du genre humain ; il faut qu'il ait une grande connaissance de la nature ; il faut en un mot qu'il soit philosophe. Socrate, habile sculpteur ; Jean-Jacques, bon musicien ; l'immortel Poussin, traçant sur la toile les plus sublimes leçons de philosophie, sont autant de témoins, qui prouvent que le génie des arts ne doit avoir d'autre guide que le flambeau de la raison. Si l'artiste doit être pénétré de ces sentiments, le juge doit l'être encore davantage.

Votre Comité a pensé qu'à cette époque où les arts doivent se régénérer comme les mœurs, abandonner aux artistes seuls le jugement des productions du génie, ce serait les laisser dans l'ornière de la routine, où ils se sont traînés devant le despotisme qu'ils encensaient. C'est aux âmes fortes, qui ont le sentiment du vrai, du grand, que donne l'étude de la nature, à donner une impulsion nouvelle aux arts, en les ramenant aux principes du vrai beau. Ainsi l'homme doué d'un sens exquis sans culture, le philosophe, le poète, le savant, dans les différentes parties qui constituent l'art de juger l'artiste, élève de la nature, sont les juges les plus capables de représenter le goût et les lumières d'un peuple entier, lorsqu'il s'agit de décerner en son nom, à des artistes républicains, les palmes de la gloire.

David,
Rapport à la Convention nationale,
sur le Jury national des Arts,
1793

David sait aussi manier l'érudition pour étayer les concepts : son plaidoyer pour la nudité des Sabines est digne d'un Quatremère de Quincy.

Une objection qu'on m'a déjà faite, et qu'on ne manquera pas de reproduire, c'est celle da la nudité de mes héros. Les exemples à citer en ma faveur sont si nombreux dans ce qui nous reste des ouvrages des anciens, que la seule difficulté que j'éprouve vient de l'embarras du choix. Voici comme j'y réponds. C'étoit un usage reçu parmi les peintres, les statuaires, et les poëtes de l'antiquité, de représenter nus les dieux, les héros, et généralement les hommes qu'ils vouloient illustrer. Peignoient-ils un philosophe ? il étoit nu, avec un manteau sur l'épaule, et les attributs de son caractère. Peignoient-ils un guerrier ? il étoit nu, le casque en tête, l'épée attachée à un baudrier, un bouclier au bras, et des brodequins aux pieds ; quelquefois ils y joignoient une draperie, quand ils jugeoient qu'elle pouvoit ajouter à la grâce de sa figure : ainsi des autres, comme on le voit dans mon Tatius, ou pour mieux dire, comme on pourra l'observer incessamment au Musée central des arts, dans la figure de Phocion, nouvellement arrivée de Rome. Ne sont-ils pas nus, les deux fils de Jupiter, Castor et Pollux, ouvrages de Phidias et de Praxiteles, qui se voient à Rome, à *Monte-Cavallo* ? [...] Et combien d'autres autorités ne pourrois-je pas citer encore ! Celles que je viens

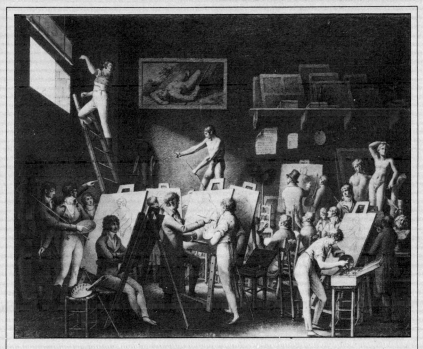

de rapporter suffiront sans doute pour que le public ne s'étonne pas que j'aie cherché à imiter ces grands modèles dans mon Romulus, qui lui-même est fils d'un dieu. Mais en voici une que j'ai réservée pour la dernière, parce qu'elle est le complément de toutes les autres : c'est Romulus lui-même qui est représenté nu sur une médaille, au moment où, après avoir tué Acron, roi des Céninéens, il porte sur ses épaules un trophée formé de ses armes, qu'il déposa ensuite dans le temple de Jupiter Férétrien ; et ce furent là les premières dépouilles opimes. Actuellement que je crois avoir répondu d'une manière satisfaisante au reproche que l'on m'a fait, ou qu'on pourra me faire, sur la nudité de mes héros, qu'il me soit permis d'en appeler aux artistes. Ils savent mieux que personne combien il m'eût été plus facile de les habiller : qu'ils disent combien les draperies me fournissoient de moyens plus aisés pour détacher mes figures de la toile. Je pense au contraire qu'ils me sauront gré de la tâche difficile que je me suis imposée, pénétrés de cette vérité, que qui fait le plus peut faire le moins. En un mot, mon intention, en faisant ce tableau, étoit de peindre les mœurs antiques avec une telle exactitude , que les Grecs et les Romains, en voyant mon ouvrage, ne m'eussent pas trouvé étranger à leurs coutumes.

David,
« Note sur la nudité de mes héros »,
dans *Le Tableau des Sabines exposé
publiquement au Palais National
des Sciences et des Arts*, 1799

David et ses critiques

Il est singulier que David n'ait guère suscité la fièvre des grandes plumes (Baudelaire excepté, qui a tout dit en trois lignes). Son art est resté prisonnier de son image : politique, donc contingent, c'est-à-dire éphémère ; abstrait, donc froid, et par suite académique. Quelques réactions célèbres esquissent le mythe davidien.

Le choc de Diderot découvrant, mais trop tard, un peintre qui « a de l'âme ».

Tous les jours je le [Bélisaire] vois et crois toujours le voir pour la première fois. Ce jeune homme montre de la grande manière dans la conduite de son ouvrage, il a de l'âme, ses têtes ont de l'expression sans affectation, ses attitudes sont nobles et naturelles, il dessine, il sait jeter une draperie et faire de beaux plis, sa couleur est belle sans être brillante. Je désirerais qu'il y eût moins de raideur dans ses chairs, ses muscles n'ont pas assez de flexibilité en quelques endroits. Rendez par la pensée son architecture plus sourde et peut-être que cela fera mieux. Si je parlais de l'admiration du soldat, de la femme qui donne l'aumône, de ces bras qui se croisent, je gâterais mon plaisir et j'affligerais l'artiste ; mais je ne saurais me dispenser de lui dire : Est-ce que tu ne trouves pas Bélisaire assez humilié de recevoir l'aumône ? Fallait-il encore la lui faire demander ? Passe ce bras élevé autour de l'enfant ou lève-le vers le ciel qu'il accusera de sa rigueur.

Denis Diderot,
Salon de 1781

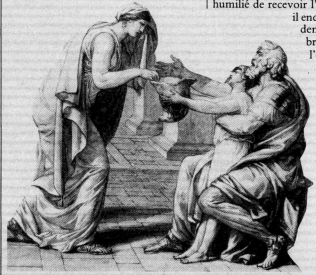

La violence de Chénier qui brûle, pamphlétaire, l'artiste engagé, qu'il encensait hier.

LE JEU DE PAUME
A LOUIS DAVID, PEINTRE

III

Son règne ★ au loin semé par tes doux entretiens
    Germe dans l'ombre au cœur des sages.
Ils attendent son heure, unis par tes liens,
Tous, en un monde à part, frères, concitoyens,
    Dans tous les lieux, dans tous les âges.
Tu guidais mon David à la suivre empressé :
    Quand, avec toi, dans le sein du passé,
Fuyant parmi les morts sa patrie asservie,
    Sous sa main, rivale des Dieux,
La toile s'enflammait d'une éloquente vie ;
    Et la ciguë, instrument de l'envie,
    Portant Socrate dans les cieux ;
Et le premier consul, plus citoyen que père,
    Rentré seul par son jugement,
    Aux pieds de sa Rome si chère
Savourant de son cœur le glorieux tourment ;
L'obole mendié seul appui d'un grand homme ;
Et l'Albain terrassé dans le mâle serment
    Des trois frères sauveurs de Rome.

IV

Un plus noble serment d'un si digne pinceau
    Appelle aujourd'hui l'industrie.
Marathon, tes Persans et leur sanglant tombeau
Vivaient par ce bel art. Un sublime tableau
    Naît aussi pour notre patrie. [...]

André Chénier,
Le Jeu de Paume, 1791

Arts dignes de nos yeux ! pompe et magnif[icence]
    Digne de notre [liberté],
Digne des vils [tyrans] qui dév[astent] la Fr[ance],
    Digne de l'atroce démence
Du stupide D[avid] qu'autrefois j'ai chanté.

André Chénier, *Fragments d'odes*

★ Chénier fait allusion à « la liberté du génie et de l'art ».

L'injustice des romantiques (Stendhal, Delacroix), qui confondent le peintre avec son école, et David avec l'académisme.

Je viens de voir peindre David. C'est un recueil de petitesses, et sur la manière de tracer son nom, et sur la différence d'un peintre d'histoire à un peintre en miniature à propos d'un costume de page qu'il a *envoyé* à l'Empereur. Ces gens-là épuisent leurs âmes pour les petitesses, il n'est pas étonnant qu'il ne leur en reste plus pour ce qui est grand. Du reste, David n'a pas l'esprit de cacher cette petite vanité de tous les moments et de ne pas prouver sans cesse toute l'importance dont il est à ses propres yeux. [...]

Stendhal, *Journal*, 14 mars 1810

[...] La poésie dramatique en est en France au point où le célèbre David trouva la peinture vers 1780. Les premiers essais de ce génie audacieux furent dans le genre vaporeux et fade des Lagrenée, des Fragonard et des Vanloo. Il fit trois ou quatre tableaux fort applaudis. Enfin, et c'est ce qui lui vaudra l'immortalité, il s'aperçut que le genre niais de l'ancienne école française ne convenait plus au goût sévère d'un peuple chez qui commençait à se développer la soif des actions énergiques. M. David apprit à la peinture à déserter les traces des Lebrun et des Mignard, et à oser montrer Brutus et les Horaces. En continuant à suivre les errements du siècle de Louis XIV, nous n'eussions été, à tout jamais, que de pâles imitateurs.

Tout porte à croire que nous sommes à la veille d'une révolution semblable en poésie. Jusqu'au jour du succès, nous autres défenseurs du *genre romantique*, nous serons accablés d'injures. Enfin ce grand jour

arrivera, la jeunesse française se réveillera ; elle sera étonnée, cette noble jeunesse, d'avoir applaudi si longtemps, et avec tant de sérieux, à de si grandes niaiseries [...]

Je suis loin de prétendre que M. David se soit placé au-dessus des Lebrun et des Mignard. A mon avis, l'artiste moderne, plus remarquable par la force du caractère que par le talent, est resté inférieur aux grands peintres du siècle de Louis XIV ; mais sans M. David, que seraient aujourd'hui MM. Gros, Girodet, Guérin, Prudhon, et cette foule de peintres distingués sortis de son école ? Peut-être des Vanloo et des Boucher plus ou moins ridicules. [...]

Stendhal, *Racine et Shakespeare*, 1823

Pendant les trente années qu'a duré le gouvernement tyrannique de David, le public a été obligé de croire, sous peine de mauvais goût, qu'avoir eu la patience nécessaire pour acquérir la *science exacte* du dessin, c'était avoir du génie. Vous souvient-il encore des beaux tableaux de figures nues de madame ✶✶✶ ? Le dernier excès de ce système a été la *Scène du déluge* par M. Girodet, que l'on peut aller voir au Luxembourg. [...]

L'école de David ne peut *peindre que les corps ; elle est décidément inhabile à peindre les âmes.*

Voilà la qualité, ou plutôt l'absence de qualité qui empêchera tant de grands tableaux portés aux nues depuis vingt ans d'arriver à la postérité. Ils sont bien peints, ils sont savamment dessinés, à la bonne heure ; mais *ils ennuient.* Or, dès que l'ennui paraît dans les beaux-arts, tout est fini. [...]

Stendhal, *Journal de Paris*, 12 septembre 1824

La tradition étant interrompue à David, lequel, ainsi que son école, a amené d'autres errements, il est passé en principe, pour ainsi dire, que la sobriété était un des éléments du beau. Je m'explique : après le dévergondage du dessin et les éclats intempestifs de couleurs qui ont amené les écoles de décadence à outrager en tous sens la vérité et le goût, il a fallu revenir à la simplicité dans toutes les parties de l'art. Le dessin a été retrempé à la source de l'antique : de là une carrière toute nouvelle ouverte à un sentiment noble et vrai. La couleur a participé à la réforme ; mais cette réforme a été indiscrète, dans ce sens qu'on a cru qu'elle resterait toujours de la couleur atténuée et ramenée à ce qu'on croyait, à une simplicité qui n'est pas dans la nature. On trouve chez David (dans les *Sabines*, par exemple, qui sont le prototype de sa réforme) une couleur qui est relativement juste : seulement les tons que Rubens produit avec des couleurs franches et virtuelles telles que des *verts* vifs, des *outremers*, etc., David et son école croient les retrouver avec le *noir* et le *blanc* pour faire du *bleu*, le *noir* et le *jaune* pour faire du *vert*, de l'*ocre rouge* et du *noir* pour faire du *violet*, ainsi de suite. Encore emploie-t-il des couleurs terreuses, des *terres d'ombre* ou de *Cassel*, des *ocres*, etc.

Chacun de ces verts, de ces bleus relatifs, jouent leur rôle dans cette gamme atténuée, surtout quand le tableau se trouve placé dans une lumière vive qui, en pénétrant leurs molécules, leur donne tout l'éclat dont elles sont susceptibles ; mais si le tableau est placé dans l'ombre ou en fuyant sous le jour, la terre redevient terre et les tons ne *jouent plus*, pour ainsi dire. Si surtout on le place à côté d'un tableau coloré comme ceux des Titien

et des Rubens, il paraît ce qu'il est effectivement : terreux, morne et sans vie. *Tu es terre et tu redeviens terre.*

Eugène Delacroix, *Journal*,
13 novembre 1857

David est un composé singulier de réalisme et d'idéal. Les Vanloo ne copiaient plus le modèle : bien que la trivialité de leurs formes fût tombée dans le dernier abaissement, ils tiraient tout de leur mémoire et de la pratique. Cet art-là suffisait au moment. Les grâces factices, les formes énervées et sans accent de nature suffisaient à ces tableaux jetés dans le même moule, sans originalité d'invention, sans aucune des grâces naïves qui feront durer les ouvrages des écoles primitives. David a commencé par abonder dans cette manière : c'était celle de l'école dont il sortait. Dénué, je crois, d'une originalité bien vive, mais doué d'un grand sens, né surtout au déclin de cette école et au moment où l'admiration quelque peu irréfléchie de l'antique se faisait jour, grâce encore à des génies médiocres comme les Mengs et les Winckelmann, il fut frappé, dans un heureux moment, de la langueur, de la faiblesse de ces honteuses productions de son temps : les idées philosophiques qui grandissaient en même temps, les idées de grandeur et de liberté du peuple, idées qui venaient de naître également, se mêlèrent sans doute à ce dégoût qu'il ressentit pour l'école dont il était issu. Cette répulsion qui honore son génie et qui est son principal titre de gloire le conduisit à l'étude de l'antique : il s'enferma pour ainsi dire avec le *Laocoon*, avec l'*Antinoüs*, avec le *Gladiateur*, avec toutes les mâles conceptions du génie antique : il eut le courage de se refaire

un talent [...] Il fut le père de toute l'école moderne en peinture et en sculpture ; il réforma jusqu'à l'architecture, jusqu'aux meubles à l'usage de tous les jours. Il fit succéder Herculanum et Pompéi au style bâtard et Pompadour, et ses principes eurent une telle prise sur les esprits que son école ne lui fut pas inférieure et produisit des élèves dont quelques-uns marchent ses égaux. Il règne encore à quelques égards, et, malgré de certaines transformations apparentes dans le goût de ce qui est l'école aujourd'hui, il est manifeste que tout dérive encore de lui et de ses principes [...]

Eugène Delacroix, *Journal*, 22 février 1860

L'erreur d'Élie Faure qui reproche à David de n'être pas Courbet, résumant à lui seul l'ambiguïté des Modernes, que l'artiste fascine et repousse à la fois.

[...] Toute sa vie sera dès lors une collaboration entêtée et pénible entre sa nature d'artiste et sa volonté d'esthéticien, entre les besoins de son être et les croyances de son temps. Il est peintre, autant qu'on peut l'être. Dans ses scènes d'histoire les plus copiées sur les statues antiques par le mouvement extérieur, dans ses cérémonies contemporaines les plus ramenées par l'ordonnance froide et raide aux bas-reliefs des arcs romains, une robe de pourpre ou un coussin de velours bleu, une broderie d'or, une plume, un drapeau de soie, tout ce qui est chose actuelle, accessoire impossible à modifier dans la matière, est peint avec le plus riche, le plus dense et le plus opaque éclat [...] Sa volonté, presque toujours, dépasse sa sensibilité, mais c'est parfois la seconde qui fait reculer la première. Que de portraits inachevés intentionnellement peut-être, le peintre ayant été averti par son émotion à l'instant où ils atteignaient leur plus haut degré de puissance ! Sans doute avait-il, à ces heures-là, le courage si rare d'être plus fort que ses principes et de s'arrêter à temps. Avec leurs fonds troubles et gris et leur matière hésitante, avec leur vigueur expressive et leur fidélité, ils semblent comme suspendus entre la vie diffuse où commence l'émoi de l'homme et la conscience où commence son empire intellectuel. Ils vivent, et pourtant leur vie tient entre des limites précises. Ils sont bâtis comme des monuments et cependant leur surface remue. Ils respirent en même temps la force et la liberté. C'est devant eux qu'on comprend pleinement le chagrin de David quand il vit, en 1816, les marbres du Parthénon. Il sentit que sa carrière était un long malentendu, une confusion permanente entre la vérité qu'il rencontra et la vie qu'il croyait atteindre.

Il a droit au respect. Sans doute, il n'a pas vu l'accent terrible des scènes dont il fut souvent l'un des acteurs. Il n'a pas entendu rouler sur le pavé les sabots des femmes du peuple et le canon des sectionnaires. Il n'a pas regardé les têtes livides au bout des piques, ni les ruisseaux rouges de sang. Il n'a pas écouté l'orage gronder dans la poitrine de Danton. Conventionnel, on dirait qu'il n'a pas vécu la tragédie de l'Assemblée. Il n'a pas senti l'horreur grandiose de la guerre, ni tressailli d'en tenir l'archange sous son regard. N'importe. Il a droit au respect. Il a restitué à la matière peinte la substantialité qu'elle avait à peu près perdue, et réhabilité l'esprit religieux et passionné avec lequel un artiste doit aborder la forme et considérer sa structure. Il est, comme la Révolution même, à peu près intolérable dans sa lettre, admirable dans ses intentions et ses mouvements spontanés. On a la sensation en sa présence qu'un peuple se ressaisit. Tout avant lui est causerie, frivolité, bavardage. Introduit par Rousseau dans l'action artistique comme le Jacobin dans l'action politique il vient, retourne les esprits, et tente de refaire un monde sur le plan de la volonté. La grâce fuit, hélas, et le reste de vie qu'elle entraînait avec elle, mais voici qu'apparaît la force et s'entrevoit la vérité. Une vérité abstraite, hors l'espace, hors le mouvement et les échanges de la vie, sans doute, correspondante à l'homme abstrait.

Elie Faure,
Histoire de l'art, l'art moderne, 1920

CHRONOLOGIE

I - L'Ancien Régime

1748 Naissance de Jacques-Louis David à Paris.

1766 Entrée à l'Académie, dans l'atelier de Vien, sur le conseil de Boucher.

1774 Prix de Rome, à la quatrième tentative, avec *la Maladie d'Antiochus*.

1775-1780 Séjour de David à Rome comme pensionnaire du roi à l'Académie de France (Palais Mancini).

1781 David expose pour la première fois au Salon, où le *Bélisaire* fait sensation.

1783 David reçu à l'Académie avec *l'Andromaque*.

1784-1785 Deuxième séjour (privé) de David à Rome, où il peint le *Serment des Horaces*.

1787 La *Mort de Socrate* est plébiscitée au salon.

1789 Au Salon, qui ouvre en août, après la prise de la Bastille, David expose le *Paris et Hélène* et le *Brutus*, que la monarchie menace de censurer.

II - La Révolution

1790 (mars-avril) Voyage de David à Nantes pour y peindre une allégorie de la Révolution locale.

(octobre) Souscription des Jacobins pour le *Serment du Jeu de Paume*.

(automne) David Jacobin.

1791 (juillet) David signataire de la pétition des Cordeliers pour la déchéance du roi.

(septembre) L'Assemblée reprend à son compte la charge du *Serment du Jeu de Paume*, dont le dessin est exposé au Salon.

1791 (automne) - 1792 (été) David travaille intensément au *Serment du Jeu de Paume*, qu'il finit par abandonner.

1792 (15 avril) Fête de la Liberté pour la réhabilitation des Suisses de Châteauvieux : David metteur en scène des fêtes jacobines.

(17 août) Election de David à la Convention.

1793 (mars) David fait hommage à la Convention du *Lepeletier de Saint-Fargeau*.

(novembre) Hommage à la Convention du *Marat assassiné*.

(14 septembre) Entrée de David au Comité de Sûreté Générale.

1794 (janvier) David président de la Convention.

(27 juillet) Le 9 Thermidor, jour de la chute de Robespierre, David est absent de la Convention pour cause de maladie.

(2 août) Arrestation de David, qui est emprisonné à l'ex-Hôtel des Fermes Générales, puis au Luxembourg, en septembre.

(28 décembre) David libéré sur un non-lieu.

1795 (mai-août) Deuxième incarcération de David, au collège des Quatre-Nations.

1795-1799 David peint les *Sabines* : la toile est exposée au Louvre pendant cinq ans depuis le 21 décembre 1799.

III - De Bonaparte à Napoléon

1800 David nommé par Bonaparte Peintre du Gouvernement : l'artiste refuse le titre.

1801 *Bonaparte au Grand-Saint-Bernard* : apologie du nouveau conquérant.

1804 David nommé Premier Peintre de l'Empereur : il n'en aura jamais les fonctions.

1805-1808 *Le Sacre de Napoléon* : première toile d'une série de quatre pour illustrer le couronnement de l'Empereur (David n'en peindra que deux).

1805-1810 *La Distribution des Aigles* : version moderne et militariste du *Serment des Horaces* (deuxième toile réalisée pour le cycle du Couronnement).

1809 *Sapho et Phaon*, tableau anacréontique peint pour le prince Youssoupoff.

1814 David achève le *Léonidas*, commencé sous la Révolution.

1815 L'artiste reste fidèle à l'Empereur, pendant les Cent Jours.

IV - Bruxelles

1816 Installation de David, proscrit comme régicide par le gouvernement de Louis XVIII, à Bruxelles (l'artiste refusera toujours de solliciter son retour en France). Portrait de *Sieyès* à 69 ans.

1817 *Cupidon et Psyché*, peint pour le comte Sommariva.

1818 *Télémaque et Eucharis*, peint pour le comte de Schœnborn.

1819 *La Colère d'Achille*, second tableau « grec » à demi-figures.

1821-1824 *Mars et Vénus*, testament de l'artiste, qui est mal accueilli en pleine bataille romantique.

1825 (29 décembre) Mort de David à Bruxelles, vers 10 heures du matin. Le gouvernement de Charles X s'oppose au retour du corps, qui est enterré à Bruxelles. Les deux ventes posthumes de l'atelier (1826-1835) se soldent par un échec.

BIBLIOGRAPHIE

Synthèse illustrée

● Schnapper A., *David témoin de son temps*, Fribourg, 1980.
● Bordes Ph., *David*, Paris, 1988.

Biographie

● David J.-L. J., *Le peintre Louis David 1748-1825. Souvenirs et Documents inédits*, Paris, 1880, 2 vol.
● Hautecœur L., *Louis David*, Paris, 1954.
● Brookner A., *Jacques-Louis David*, London, 1980.

Avant la Révolution

● Crown Th. E., « The *Oath of the Horatii* in 1785, Painting and Pre-Revolutionary Radicalism in France », *Art History,* décembre 1978, p. 425-471.
● Michel R., Serullaz A., Van de Sandt U., Cat. exp. *David et Rome,* Rome, Villa Médicis, 1981-1982.
● Crown Th. E., *Painters and Public Life in Eighteenth-Century Paris,* New Haven, London, 1985.

Révolution

● Dowd D.L., *Pageant-Master of the Republic, Jacques-Louis David and the French Revolution,* Lincoln, 1948.
● Bordes Ph., *Le Serment du Jeu de Paume de Jacques-Louis David. Le peintre, son milieu et son temps de 1789 à 1792,* Paris, 1983.
● Olander W., « *Pour transmettre à la postérité* » : *French Painting and Revolution, 1774-1795,* Ph. D. (thèse), New York University, 1983.
● Herding Kl., « *Davids Marat* als *dernier appel à l'unité révolutionnaire* » ? *Idea,* 1983, 2, p. 89-112.
● Traeger J., *Der Tod des Marat. Revolution des Menschenbildes,* München, 1986.

David portraitiste

● Bleyl M., *Das klassizistische Porträt, Gestaltungsanalyse am Beispiel J.-L. Davids,* Frankfurt-am-Main, Bern, 1982.

Témoignages et documents

● Delécluze E.-J., *Louis David, son école et son temps. Souvenirs,* Paris, 1855, réédition J.-P. Mouilleseaux, Paris, 1983.
● Wildenstein D. et G., *Documents complémentaires au catalogue de l'œuvre de Louis David,* Paris, 1973.

David et son temps

● Rosenberg P. (dir) Cat. exp. *De David à Delacroix : La peinture française de 1774 à 1830,* Paris, Detroit, New York, 1974-1975.
● Sahut M.-C., Volle N. (dir), Cat. exp. *Diderot et l'Art de Boucher à David, les Salons : 1759-1781,* Paris, Hôtel de la Monnaie, 1984-1985.
● Coekelberghs D., Loze P. (dir), Cat. exp. *1770-1830, Autour du néo-classicisme en Belgique,* Ixelles, Musée communal des Beaux-Arts, 1985-1986.
● Bordes Ph., Michel R. (dir) *Aux Armes et aux Arts ; les arts de la Révolution 1789-1799,* Paris, 1988.

TABLE D'ILLUSTRATIONS

COUVERTURE

1er plat *Marat assassiné,* 1793, huile sur toile, 165 x 128 cm, Bruxelles, Musées royaux des beaux-arts de Belgique.
Dos *Le Serment du Jeu de Paume* (détail), dessin, Versailles, Musée du Château.
4 . *Autoportrait,* 1794, huile sur toile, 81 x 64 cm, Paris, Musée du Louvre.

OUVERTURE

Etude pour le Serment du Jeu de Paume, dessin, Paris, Musée du Louvre.
1/7 *Marat assassiné* (détails), huile sur toile, Bruxelles, Musées royaux des beaux-arts de Belgique.

CHAPITRE I

10 *Académie* dite *Patrocle* (détail), huile sur toile, Cherbourg, Musée Thomas Henry.
11 *Anonyme, Guichet du Louvre sous la colonnade,* gravure, vers 1780, Paris, Bibl. nat.
12b *Portrait de Madame Buron,* 1769, huile sur toile, 54 x 50 cm, Chicago, The Art Institute.
12/13 *Vien, La Marchande d'Amours,* 1763, huile sur toile, Fontainebleau, Musée du Château.
13b *Portrait de Jacques-François Desmaisons,* 1782, huile sur toile, 90 x

72 cm, Buffalo, Albright-Knox Art Gallery.
14h Fragonard, *Portrait de Marie-Madeleine Guimard,* vers 1769, huile sur toile, Paris, Musée du Louvre.
14b Lagardette, d'après Ledoux, *Hôtel Guimard,* gravure.
15 Cochin, *La Séance du modèle,* 1775, dessin, localisation inconnue.
16 Boucher, *Les Forges de Vulcain* (détail), 1757, huile sur toile, Paris, Musée du Louvre.
17h *Apollon et Diane perçant de leurs flèches les enfants de Niobé,* 1772, huile sur toile, coll. part.
17b *Le Combat de Minerve contre Mars,* 1771, huile sur toile, 114 x 140 cm, Paris, Musée du Louvre.
18h *La Mort de Sénèque,* 1773, huile sur toile, 120 x 155 cm, Paris, Musée du Petit Palais.
18b *Le Médecin Erasistrate découvre la cause de la maladie d'Antiochus,* 1774, huile sur toile, 120 x 135 cm, Paris, Ecole nat. sup. des beaux-arts.
19 Peyron, *La Mort de Sénèque* (détail), gravure, Paris, Bibl. nat.
20g *Le Laocoon,* marbre antique, Rome, Musée du Vatican.
20d *L'Apollon du Belvédère,* marbre antique, idem.
21h Landon, d'après R. Mengs, *Portrait de J.J. Winckelmann,* gravure.
21b *Vue de Rome depuis Sainte-Marie*

INDEX

CRÉDITS PHOTOGRAPHIQUES

Albright-Knox Art Gallery, Buffalo 13b. Art Institut of Chicago, All Rights Reserved 12b, 76. Artephot/Jourdain 102, 103. Artephot/Nimatallah 54. Bibl. nat., Paris 19, 43h, 75h, 75b, 79, 81, 88, 92, 104h, 111b, 130, 150/151, 153, 154, 157, 158. Bodycomb M., Kimbell Art Museum 120, 121. Bulloz 18h, 49b. Charmet, Paris 134/135. Cleveland Museum of Art, Leonard C. Hanna, Jr. Fund 62, 37, 124b, 124h. Dagli-Orti, Paris 86b. Droits Réservés 14b, 15, 17h, 23b, 23d, 24/25, 35b, 36/37, 56, 87h, 105h, 116g, 116d, 129, 131b, 138, 162. Dumont, Pierre, musée de la Chartreuse, Douai 96. Edimédia, Paris 35h, 84/85. Foog Art Museum, Bequest-Grenville L. Winthrop 123. Foog Art Museum, Cambridge 104b. Gallois, Yves, musée des Beaux-Arts, Marseille 28h. Giraudon, Paris 12/13, 14h, 33bd, 41h, 69, 73, 115h, 141, 148. Giraudon-Lauros 20g, 39d, 82, 117h, 155, 161. F. Jaulmes, musée Fabre 27h. Josse 61, 70, 75m, 83. Lille, musée des Beaux-Arts, P. Bernard 31b, 32, 33g, 86h, 136. Metropolitan Museum of Art, New York 44h, 44b, 45h, 45b, 46h, 46/47, 47b, 48, 49h, 122. Moreau, musée des Beaux-Arts, Tours 46h. Musée Bonnat, Bayonne 30, 38g, 39, 166. Musée Calvet, Avignon 88/89. Musée du Séminaire du Québec-Pierre Soulard 28m. Musée de la Ville de Paris 58/59. Musées royaux des Beaux-Arts de Belgique, Bruxelles 1er plat, 1, 2, 3, 4, 5, 6, 7, 84, 127. National Gallery of Art, Washington 112h. National Gallery of Ireland, Dublin 22b, 22/23, 27b. National Gallery, Londres 95bg. Paris, Ecole nat. sup. des Beaux-Arts 18b, 28b, 131h. Paul Getty Museum, Malibu 125. Petersen-Statens Museum Forkunst, Copenhague 42. Réunion des musées nationaux dos, 4e de couv. 16, 17b, 21b, 24, 25b, 33hd, 34h, 34b, 36g, 37h, 40/41, 43b, 50b, 50h, 51h, 52/53, 55, 57g, 57d, 58, 60, 60/61. 62/63, 64/65, 66/67, 68h, 68b, 71, 72, 74h, 74m, 77, 78, 80, 87b, 90, 91, 93h, 93b, 94, 95hg, 95hd, 95bd, 97h, 97b, 98/99, 100, 101, 106/107, 108/109, 110, 111h, 112m, 112b, 113, 114/115, 115h, 118, 118/119, 126, 128, 132, 133, 137, 145, 149. Roger-Viollet, Paris 11, 20d, 21h, 26b, 147. Savary, musée Thomas-Henry, Cherbourg 10, 26h. Scala, Rome 51b. Statens Konstmusee, Stockholm 52. Zoltowska, Teresa 29, 29b.

REMERCIEMENTS

Nous tenons à remercier les personnes et les organismes suivants pour l'aide qu'ils nous ont apportée dans la réalisation de cet ouvrage : Isabelle Wolf ; le musée national de Varsovie ; The Paul-Getty Museum à Malibu ; le musée des Beaux-Arts de Marseille.

COLLABORATEURS EXTÉRIEURS

La lecture-correction de cet ouvrage a été assurée par Catherine Leplat, Alexandre Coda et Pierre Granet. Anne Soto s'est chargée des recherches iconographiques. Sylvie Raulet a réalisé la maquette de Témoignages et Documents.

Table des matières